Für Dich

Die Deutsche Nationalbibliothek verzeichnet diese Publikation in der Deutschen Nationalbibliografie; detaillierte bibliografische Daten sind im Internet über www.dnb.de abrufbar.

Vegetarische Weihnachtsrezepte: Das große vegetarische Kochbuch für leckere Gerichte an Weihnachten (100 geniale Veggie-Rezepte für ein fleischloses Weihnachtsessen)
von Hannah Dautzenberg

Studienscheiss UG (haftungsbeschränkt)
Rathausstr. 24 B, 52072 Aachen
kontakt@studienscheiss.de
Geschäftsführer: Dr. Tim Reichel, M.Sc.
Registergericht: Amtsgericht Aachen
Registernummer: HRB 19105
USt-IdNr.: DE295455486

Erste Auflage, November 2020

ISBN: 978-3-946943-76-1 Print (Softcover)
ISBN: 978-3-946943-95-2 E-Book (PDF)
ISBN: 978-3-946943-77-8 E-Book (EPUB)
ISBN: 978-3-946943-96-9 E-Book (MOBI)

Lektorat: Sara Dörwald, Steinhagen
Korrektorat: Tim Reichel, Aachen
Umschlaggestaltung, Layout und Satz: Tim Reichel, Aachen
Umschlagmotiv: from my point of view / shutterstock.com
Foto: Jan Ungermann & Hannah Dautzenberg, Aachen
Herstellung: Amazon oder eine Tochtergesellschaft
Printed in Germany

Vegetarische Weihnachtsrezepte

Das große vegetarische Kochbuch für leckere

Gerichte an Weihnachten

Hannah Dautzenberg

veggie +

Inhalt

Vorwort **9**

Salate **13**

Feldsalat mit Honig-Feta 14
Orangensalat mit Harissa 16
Rotkohl-Taboulé-Salat 18
Röstgemüse-Salat 20
Rote-Bete-Salat mit Walnüssen 22
Couscous-Salat mit Ziegenkäse 24
Bohnensalat mit Pesto 26
Rucola mit Granatapfelkernen 28
Feldsalat mit Birnen und Blauschimmelkäse 30
Kürbis-Quinoa-Salat 32
Grünkohl-Salat mit Apfel 34

Suppen **37**

Maronen-Suppe 38
Rosenkohl mit Chili-Crunch 40
Kürbis-Orangen-Suppe 42
Blumenkohl-Apfel-Suppe mit Zimtnüssen 44
Sellerie-Birnen-Suppe 46
Französische Zwiebel-Suppe 48
Süßkartoffel-Linsen-Suppe 50
Portugiesische Brot-Suppe 52
Soljanka 54
Pastinaken-Creme-Suppe 56
Parmesan-Pilz-Suppe 58

Eintöpfe **61**

Kartoffelgulasch 62
Spitzkohl-Eintopf 64
Irish Stew 66

Möhren-Fenchel-Curry 68
Grünkohl-Eintopf 70
Süßkartoffel-Bohnen-Eintopf 72
Spätzle-Eintopf 74
Wirsing-Minestrone 76
Kürbis in Kakao-Orangensoße 78
Linsen-Eintopf 80

Nudelgerichte 83

Walnuss-Bolognese 84
Tagliatelle in Weißweinsoße mit Wirsing 86
Kürbis-Cranberry-Pasta 88
Linsenlasagne 90
Apfelpasta mit Feldsalat-Pesto 92
Maronen-Tomaten-Nudeln 94
Gewokte Rotkohl-Reisnudeln 96
Grünkohl-Cannelloni 98
Rotwein-Tofu-Pasta 100
Gorgonzola-Pasta mit Radicchio 102
Rotkohl-Nudeln 104

Knödel & Spätzle 107

Spinatknödel 108
Kürbisspätzle 110
Knödel-Auflauf 112
Pressknödel mit Krautsalat 114
Käsespätzle 116
Breznknödel mit Rahm-Champignons 118
Kürbisknödel 120
Rote-Bete-Knödel 122

Reisgerichte 125

Wirsing-Risotto 126
Grießküchlein mit Pilzen 128
Risotto mit Birne und Walnüssen 130

Gefüllte Orient-Paprika 132
Honig-Senf-Gemüse 134
Maronen-Risotto mit Granatapfel 136
Kürbis-Risotto 138

Pfannengerichte 141
Blumenkohl im Nussmantel 142
Feta-Schnitzel mit Rotkohl 144
Pilzfrikadellen 146
Kürbis-Ratatouille 148
Süßkartoffel Cordon bleu 150
Pilz-Maronen-Ragout 152
Haferbratling mit Apfelrotkohl 154
Sesam-Mandel-Süßkartoffel 156
Rosenkohl-Kartoffel-Pfanne mit Apfel-Feta-Topping 158

Ofengerichte 161
Gemüsegeschenk mit Ziegenkäse und Brot-Crunch 162
Gefüllter Ofenkürbis 164
Gebackener Camembert mit Apfel-Chutney 166
Ofengemüse mit Feta-Polenta 168
Gefüllte Dattel-Mandel-Aubergine 170
Rosenkohl-Auflauf 172

Braten 175
Beet Wellington 176
Kartoffelbraten mit Tomaten-Pilz-Füllung 178
Kürbis-Braten 180
Gewürz-Blumenkohl-Braten 182
Kohlrouladen mit Bulgur 184
Hüttenkäse-Braten 186
Rotkohlpäckchen mit Maronen 188
Grünkern-Braten 190
Cashew-Braten 192
Pilzpastete 194

Quiches & Tartes **197**
Süßkartoffel-Walnuss-Tarte 198
Rotkohl-Maronen-Quiche 200
Pilz-Pie 202
Brokkoli-Gorgonzola-Tarte mit Birnen-Relish 204
Rosenkohl-Quiche 206
Rotkohl-Tarte 208
Pilz-Tarte mit Maronen und Pinienkernen 210
Wirsing-Quiche 212

Süße Gerichte **215**
Marillenknödel 216
Mohnnudeln 218
Kirschmichel 220
Ofenpfannkuchen 222
Topfen-Auflauf 224
Kaiserschmarrn 226
Scheiterhaufen 228
Schokoknödel 230
Striebele 232

Weihnachtsmenüs **235**

Bonusrezepte **239**

Nachwort **243**
Infos zum Buch 244
Über die Autorin 245
Dankeschön 246

„Die Vernunft beginnt bereits in der Küche."

Friedrich Nietzsche

Vorwort

Vegetarische Weihnachten

Weihnachten ist das Fest der Liebe. Alles dreht sich um die Familie, Geschenke und vor allem: um gutes Essen. Am Weihnachtsabend und an den Festtagen gilt es, alle Vorlieben der Gäste unter einen Hut zu bringen. Und das ist nicht immer leicht. Jedes Jahr aufs Neue zerbrechen wir uns die Köpfe, wie wir unsere Liebsten mit neuen Gerichten begeistern können und dabei noch ihren Geschmack treffen.

Doch damit ist jetzt Schluss, denn dieses Buch ist die Lösung deiner kulinarischen Weihnachtsprobleme! Denn was ist abwechslungsreich, modern, gesund und dazu wahnsinnig lecker? – Richtig, die vegetarische Küche! Sie bietet unendlich viele Möglichkeiten und wirft alte Kochgewohnheiten über Bord. Hier entstehen neue und außergewöhnliche Kombinationen, die jeden deiner Gäste aus den Weihnachtssocken hauen werden. An Weihnachten geht es darum, seine Mitmenschen, sich selbst und alle Lebewesen auf der Erde wertzuschätzen. Warum schieben wir dann eine Ente in den Ofen, anstelle eines saftigen Kürbis-Bratens?

Die Beweggründe, vegetarisch zu kochen, können sehr unterschiedlich sein – besonders an Weihnachten:

- ✔ Vielleicht möchtest du dir mit den Soul-Food-Rezepten aus diesem Buch selbst etwas Gutes tun.
- ✔ Vielleicht möchtest du auch deine Gäste an Weihnachten davon überzeugen, wie abwechslungsreich vegetarisches Kochen sein kann, und dass es alles andere, als ein Verzicht ist.
- ✔ Vielleicht ernährst du dich auch gar nicht vegetarisch und willst eine neue Welt entdecken oder deine Veggie-Gäste an Weihnachten begeistern.
- ✔ Vielleicht wurdest du auch beschenkt und freust dich jetzt einfach, alle Gerichte zu entdecken, die ich für dich zusammengestellt habe.

Ganz egal, welche Motivation du hast: In diesem Buch zeige ich dir, wie du dich und deine Liebsten in der Weihnachtszeit bekochen und begeistern kannst. Dazu brauchst du weder besondere Fähigkeiten am Herd noch eine außergewöhnliche Küchenausstattung. Egal, ob du ein leidenschaftlicher Hobbykoch bist oder blutiger Anfänger – mit diesen Rezepten kann wirklich jeder ein umwerfendes Menü für die Weihnachtszeit zubereiten.

In diesem Buch findest du keine langweiligen Veggie-Rezepte, die ein Fleischgericht kopieren oder so alt sind, wie alle Vorurteile über Vegetarier. Die hier aufgeführten Gerichte hast du so wahrscheinlich noch nicht gegessen. Alle Rezepte sind modern, abwechslungsreich und umwerfend lecker. Gleichzeitig machen die Gerichte auf dem Teller etwas her und passen perfekt auf eine festlich gedeckte Weihnachtstafel. Und obwohl alle Rezepte raffiniert aussehen und schmecken, musst du dafür nicht den ganzen Tag in der Küche stehen.

Jede Seite in diesem Buch ist klar und übersichtlich strukturiert. So musst du nicht mühsam die wichtigsten Infos zusammensuchen, bevor du loslegen kannst. Du findest zu jedem Gericht:

- ✔ Eine Zeitangabe
- ✔ Die Menge der Portionen
- ✔ Eine Zutatenliste
- ✔ Eine ausführliche Anleitung
- ✔ Mögliche Variationen des Gerichts

Insgesamt findest du 100 weihnachtliche Rezepte in diesem Buch, die ich persönlich für dich zusammengestellt habe. Dazu habe ich unzählige vegetarische Weihnachtsrezepte für dich recherchiert, angepasst und nachgekocht. Außerdem koche ich seit vielen Jahren selbst vegetarisch und möchte auf den kommenden Seiten meine besten Tipps und Tricks an dich weitergeben. Vor dir liegt das Ergebnis meiner langjährigen Arbeit.

Die Rezepte aus diesem Buch habe ich zudem in Kategorien eingeteilt, damit du schneller das Gericht findest, nach dem du suchst. Diese elf Kapitel warten auf dich:

- Salate
- Suppen
- Eintöpfe
- Nudelgerichte
- Knödel & Spätzle
- Reisgerichte
- Pfannengerichte
- Ofengerichte
- Braten
- Quiches & Tartes
- Süße Gerichte

Als kleines Weihnachtsgeschenk habe ich für dich nicht nur die Weihnachtsrezepte zusammengestellt, sondern daraus auch vier konkrete Menüs kreiert. Am Ende dieses Buches findest du verschiedene Weihnachtsmenüs, mit denen du dir und deinen Gästen ein unvergessliches Weihnachtsessen bescherst. Außerdem warten noch ein paar Bonusrezepte auf dich.

Genug geredet – ab in die Küche mit dir: Viel Spaß beim Kochen!

Salate

Feldsalat mit Honig-Feta

Minuten: 30 **Portionen: 4**

Zutaten:

- 200 g Feldsalat
- 400 g Feta
- 4 EL Honig (flüssig)
- 2 rote Zwiebeln
- 1 Granatapfel
- 50 g Walnüsse
- 2 EL Balsamessig
- 2 Stiele Rosmarin
- 4 EL Olivenöl
- Salz
- Pfeffer

Zubereitung:

1. Heize deinen Backofen auf 180 °C (Ober-/Unterhitze) vor. Schneide den Feta in dicke Scheiben. Fette eine Auflaufform mit 1 EL Olivenöl ein und verteile anschließend den Feta darin. Wasche den Rosmarin und trenne die Nadeln ab. Hacke die Walnüsse in grobe Stücke. Vermische im Anschluss die Nüsse, den Rosmarin und den Honig. Verteile die Mischung auf dem Feta und lasse den Käse für ca. 15 Minuten im Backofen.
2. Schneide den Granatapfel auf und löse die Kerne heraus. Achte darauf, den Saft dabei aufzufangen. Wasche den Salat und

schneide die Zwiebeln in Spalten. Brate anschließend die Zwiebeln in 1 EL Olivenöl kurz in der Pfanne an.

3. Um eine Vinaigrette herzustellen, verrührst du 2 EL Olivenöl mit dem Saft des Granatapfels und dem Balsamessig. Würze die Mischung anschließend mit Salz und Pfeffer.
4. Vermische den Salat mit der Vinaigrette in einer großen Schüssel und füge anschließend die Zwiebeln hinzu.
5. Verteile den Salat auf den Tellern und richte den Feta darauf an. Zum Schluss bestreust du den Salat mit den Granatapfelkernen.

Variation:

- ✔ Solltest du Feta nicht mögen, kannst du alternativ auch Ziegenkäse verwenden. Dabei musst du darauf achten, die Backzeit anzupassen. Je nach Dicke deiner Ziegenkäsescheiben sind 10 Minuten bei 180 °C (Ober-/Unterhitze) bereits ausreichend.

Orangensalat mit Harissa

Minuten: 25 **Portionen: 4**

Zutaten:

- 500 g frischer Spinat
- 4 Orangen
- 1 EL Harissapaste
- 1 Limette
- 50 g Oliven (entkernt)
- 2 Stiele Koriander
- 50 g Macadamianüsse
- 3 EL Olivenöl

Zubereitung:

1. Wasche den Spinat und schneide ihn klein. Schäle die Orangen und schneide sie anschließend in kleine Würfel. Halbiere die Oliven und wasche den Koriander. Zupfe die Blätter des Korianders ab und hacke sie klein. Presse anschließend die Limette aus.
2. Hacke die Macadamianüsse in grobe Stücke. Brate sie in einer Pfanne ohne Fett an und achte darauf, dass sie nicht zu braun werden.
3. Vermische den Spinat, die Orangen, die Oliven und den Koriander in einer großen Schüssel. Füge den Saft der Limette, das Olivenöl und die Harissapaste hinzu. Mische erneut alles gut durch.

4. Verteile anschließend den Salat auf den Tellern und streue die gerösteten Macadamianüsse darüber.

Variation:

- Anstelle von der Harissapaste kannst du auch Ajvar oder Sambal Oelek verwenden. Solltest du es nicht so scharf mögen, dann greife auf Hummus zurück.

Rotkohl-Taboulé-Salat

Minuten: 35 **Portionen: 4**

Zutaten:

- 250 g Rotkohl
- 250 g Couscous
- 1 rote Zwiebel
- 1 Birne
- 2 Zitronen
- 30 g Cranberrys
- 20 g Mandeln
- 150 g Joghurt
- 400 ml Gemüsebrühe
- 1 EL Senf
- 3 EL Orangensaft
- 1 EL Ahornsirup
- 2 EL Olivenöl
- Salz
- Pfeffer

Zubereitung:

1. Koche die Gemüsebrühe in einem Topf auf. Gib den Couscous in einen weiteren Topf oder eine Schüssel und gieße die aufgekochte Gemüsebrühe darüber. Lasse den Couscous in der Gemüsebrühe für ungefähr 5 Minuten quellen, dass er die Flüssigkeit aufzieht.
2. Schneide den Rotkohl in feine Streifen und wasche ihn. Schäle die Zwiebel und hacke sie in kleine Stücke. Wasche die Birne,

entkerne sie und schneide sie klein. Presse die Zitronen aus. Beträufle die Birne anschließend mit 1 EL Zitronensaft. Wasche die Minze und zupfe die Blätter von den Stiefeln ab. Trockne die Blätter und hacke sie im Anschluss klein. Hacke auch die Cranberrys und Mandeln in grobe Stücke.

3. Gieße die überschüssige Gemüsebrühe aus dem Topf mit dem Couscous ab. Gib den Rotkohl, die Zwiebelwürfel, die Birnenstücke, die Cranberrys und die gehackte Minze zu dem Couscous hinzu.

4. Um einen Dip herzustellen, mischst du Senf, Joghurt und 1 EL Zitronensaft. Füge nach Bedarf Salz und Pfeffer hinzu.

5. Den restlichen Zitronensaft vermischst du mit dem Orangensaft, Ahornsirup und Öl zu einem Dressing. Nutze dazu am besten einen Quirl oder eine Gabel. Würze das Dressing mit Salz und Pfeffer.

6. Richte den Taboulé-Salat auf den Tellern an. Beträufle den Salat mit dem Dressing und dem Joghurt-Dip.

Variation:

- ✔ Anstelle der Birne kannst du auch anderes Winterobst verwenden, beispielsweise Quitten oder Pflaumen.

Röstgemüse-Salat

Minuten: 45 **Portionen: 4**

Zutaten:

- 500 g Rosenkohl
- 250 g Blumenkohl
- 3 Möhren
- 1 Bund Radieschen
- 1 rote Zwiebel
- 1 Biozitrone
- 1 Knoblauchzehe
- 5 Stiele Petersilie
- 1 EL Weißweinessig
- 1 EL Rotweinessig
- 5 EL Olivenöl
- 1 TL Paprikapulver
- 400 g Kichererbsen (Dose)
- 4 Stiele Koriander
- Salz

Zubereitung:

1. Heize den Backofen auf 180 °C (Umluft) vor. Schneide die Zwiebel in halbe Ringe und gib sie anschließend in eine kleine Schüssel. Füge den Rot- und Weißweinessig hinzu und lasse die Zwiebel für eine 30 Minuten in der Mischung einweichen.
2. Wasche den Rosenkohl und halbiere die Röschen. Putze den Blumenkohl und schneide ihn in Stücke. Schäle die Möhren,

halbiere sie und schneide sie anschließend in ca. 3 cm lange Stücke. Je nach Dicke der Möhren kannst du diese Stücke längs noch einmal halbieren.

3. Gib das gesamte Gemüse auf ein Backblech und mariniere es mit 2 EL Olivenöl. Würze es im Anschluss mit Salz. Schiebe das Backblech für ca. 20 Minuten in den Backofen. Wende das Gemüse nach ca. 10 Minuten.

4. Wasche während der Backzeit die Radieschen und schneide sie in feine Scheiben. Lasse die Kichererbsen aus der Dose abtropfen und spüle sie mit kaltem Wasser ab. Wasche die Petersilie und den Koriander, ziehe die Blätter von den Stielen ab und hacke sie in grobe Stücke. Wasche die Zitrone mit heißem Wasser und reibe die Schale ab. Presse die Zitrone im Anschluss aus.

5. Nimm das Gemüse aus dem Backofen und lasse es abkühlen. Bereite in der Zwischenzeit die Marinade zu. Dafür schälst du die Knoblauchzehe und gibst diese gemeinsam mit ein wenig Salz, dem Zitronensaft und dem restlichen Olivenöl in einen Mixer.

6. Gib das Röstgemüse in eine große Schüssel und füge die Kichererbsen, die Radieschen, die eingeweichten Zwiebelringe sowie das Dressing hinzu. Mische im Anschluss die Kräuter und die Schale der Zitrone unter die Mischung. Würze den Salat mit Paprikapulver und Salz.

7. Richte den Salat auf den Tellern an. Servieren kannst du ihn sowohl warm als auch kalt.

Variation:

- ✔ Das Gemüse kannst du nach deinem Geschmack variieren. Als Alternative eignen sich beispielsweise Rotkohl, Brokkoli, Rote Bete oder auch Hokkaido-Kürbis.

Rote-Bete-Salat mit Walnüssen

Minuten: 45 **Portionen: 4**

Zutaten:

- 800 g Rote Bete
- 80 g Walnüsse
- 1 Bund Radieschen
- 150 g Feta
- 2 EL Balsamessig
- 2 Stiele Rosmarin
- ½ TL Kreuzkümmel
- ½ TL Zimt
- ½ TL Kardamom
- 3 EL Olivenöl
- Salz
- Pfeffer

Zubereitung:

1. Heize deinen Backofen auf 180 °C (Umluft) vor. Putze die Rote Bete und schäle sie. Öle hierfür deine Hände ein oder verwende Einweghandschuhe, da die Rote Bete deine Hände stark einfärben wird. Schneide die Knolle anschließend in kleine Stücke. Mariniere die Stücke mit Öl sowie Salz, Pfeffer, Kardamom, Zimt und Kreuzkümmel. Gib alles auf ein Backblech oder in eine Auflaufform und lasse die Rote Bete für ca. 35 Minuten bei 180 °C im Backofen.

2. Hacke die Walnüsse in grobe Stücke. Putze die Radieschen und schneide sie anschließend in Viertel. Zerbrösle den Feta in kleine Stücke und wasche den Rosmarin. Zupfe die Nadeln ab und hacke sie klein.

3. Nimm die Rote Bete aus dem Backofen und lasse sie 5 Minuten abkühlen. Richte das Gemüse auf den Tellern an und beträufle es mit dem Balsamessig. Gib die Nüsse, den Feta sowie die Radieschen darüber und bestreue alles mit dem Rosmarin.

Variation:

- ✔ Anstelle der Walnüsse kannst du auch Erdnüsse oder Macadamianüsse verwenden. Um Abfälle zu vermeiden, kannst du das Grün der Radieschen ebenfalls waschen, klein schneiden und zu dem Salat hinzugeben.

Couscous-Salat mit Ziegenkäse

Minuten: 20 **Portionen: 4**

Zutaten:

- 250 g Couscous
- 150 g Ziegenfrischkäse
- 75 g Walnüsse
- 8 Stiele Minze
- 2 Zitronen
- 120 g Kirschen (getrocknet)
- Zucker
- ½ TL Kreuzkümmel
- ½ TL Zimt
- ½ TL Cayennepfeffer
- 6 EL Olivenöl
- Salz
- Pfeffer

Zubereitung:

1. Fülle einen Kochtopf mit 250 ml Wasser. Füge Kreuzkümmel, Zimt, Cayennepfeffer und ½ TL Salz hinzu und lasse alles aufkochen. Nimm den Topf anschließend vom Herd und rühre den Couscous ein. Lasse ihn 5 Minuten quellen, sodass er sich mit dem Wasser vollsaugt.
2. Hacke die Walnüsse und röste sie in einer Pfanne ohne Fett. Wasche die Minze und zupfe die Blätter ab. Presse die Zitronen aus und hacke die getrockneten Kirschen in kleine Stücke.

3. Lockere den Couscous mit einer Gabel auf und fülle ihn in eine große Schüssel um. Rühre den Zitronensaft und das Öl unter und gib die Minzblätter sowie die gehackten Kirschen dazu.
4. Würze den Couscous mit Salz, Pfeffer und Zucker. Gib zum Schluss den Ziegenkäse hinzu. Bröckle ihn dafür ein wenig auseinander und mische ihn unter den Couscous.

Variation:

- ✔ Anstelle von Ziegenkäse eignet sich auch Feta. Diesen kannst du einfach mit den Händeln zerkleinern und unter den Couscous geben. Die getrockneten Kirschen kannst du durch Cranberrys ersetzen.

Bohnensalat mit Pesto

Minuten: 30

Portionen: 4

Zutaten:

- 250 g Kidneybohnen (Dose)
- 300 g grüne Bohnen
- 150 g Cherrytomaten
- 2 Knoblauchzehen
- 50 g Walnüsse
- 3 EL Rotweinessig
- 5 EL Walnussöl
- 2 Stiele Bohnenkraut
- 2 Stiele Petersilie
- 2 Stiele Minze
- Salz
- Pfeffer

Zubereitung:

1. Putze die grünen Bohnen und halbiere sie. Lasse sie anschließend für 15 Minuten in gesalzenem Wasser kochen.
2. Wasche die Kidneybohnen und lasse sie in einem Sieb abtropfen. Wasche die Cherrytomaten und schneide sie in kleine Stücke. Schäle den Knoblauch und schneide ihn in kleine Stücke. Wasche die Kräuterstiele und zupfe die Blätter ab. Gib die Blätter zusammen mit dem Rotweinessig und Walnussöl in einen Mixer. Nachdem die Zutaten gut vermixt sind, füge die Walnüs-

se und den Knoblauch hinzu. Mixe alles auf niedriger Stufe und schmecke das Pesto mit Salz und Pfeffer ab.

3. Schütte die gekochten grünen Bohnen ab und lasse sie für kurze Zeit abkühlen. Gib sie zusammen mit den Kidneybohnen und den Cherrytomaten in eine große Schüssel. Mische alles mit dem Walnuss-Pesto und lasse es für mindestens 15 Minuten ziehen. Schmecke den Salat vor dem Servieren noch einmal mit Salz und Pfeffer ab.

Variation:

- ✔ Anstelle der Kidneybohnen kannst du auch weiße Bohnen verwenden. Solltest du den Salat noch etwas ausgefallener würzen wollen, dann eignen sich Nelken, Koriander oder süßer Senf.

Rucola mit Granatapfelkernen

Minuten: 15 **Portionen: 2**

Zutaten:

- 150 g Rucola
- 1 Granatapfel
- 125 g Feta
- 50 g Walnüsse
- 2 EL Balsamessig
- 1 EL Olivenöl
- 1 Stiel Koriander

Zubereitung:

1. Wasche den Rucola und schneide die unteren Enden ab. Lasse den Salat in einem Sieb abtropfen oder trockne ihn in einer Salatschleuder.
2. Halbiere den Granatapfel, nimm die Kerne heraus und fange dabei den Saft des Granatapfels auf. Verquirle den Saft mit dem Olivenöl, dem Balsamessig und dem Koriander in einer großen Schüssel.
3. Fülle den gewaschenen Rucola in die Schüssel und vermenge ihn mit dem Dressing. Füge anschließend die Granatapfelkerne und den Fetakäse hinzu. Zerkleinere dafür den Fetakäse mit deinen Händen in kleine Brocken.

4. Hacke die Walnüsse und röste sie für kurze Zeit in einer Pfanne ohne Fett.

5. Richte den Salat auf den Tellern an und streue zum Schluss die gerösteten Walnüsse darüber.

Variation:

- ✔ Den Rucola kannst du auch durch anderen Blattsalat ersetzen. Besonders gut passt Feldsalat oder auch frischer Spinat. Solltest du keinen Koriander mögen, kannst du ihn durch jedes andere Kräutergewächs ersetzen, welches du magst. Dazu eignen sich beispielsweise Rosmarin, Oregano oder Thymian.

Feldsalat mit Birnen und Blauschimmelkäse

Minuten: 20 **Portionen: 2**

Zutaten:

- 150 g Feldsalat
- 2 Birnen
- 150 g Blauschimmelkäse
- 50 g Walnüsse
- 1 TL Dijon-Senf
- 3 TL Honig (flüssig)
- 2 EL Balsamessig
- 4 EL Olivenöl
- Salz
- Pfeffer

Zubereitung:

1. Heize deinen Backofen auf 150 °C (Ober-/Unterhitze) vor. Wasche die Birnen und schneide sie in dünne Spalten. Lege die Spalten auf ein Backblech und lasse sie für 10 Minuten im vorgeheizten Backofen bei 150 °C.
2. Wasche den Feldsalat und trockne ihn in einer Salatschleuder oder einem Sieb. Hacke die Walnüsse in kleine Stücke. Schneide den Blauschimmelkäse ebenfalls in kleine Stücke.

3. Gib das Olivenöl zusammen mit dem Balsamessig, dem Honig sowie dem Dijon-Senf in einen Mixer oder verquirle es von Hand in einer Schüssel zu einem Dressing. Schmecke es anschließend mit Salz und Pfeffer ab.

4. Nimm die Birnenspalten aus dem Backofen und lass sie abkühlen. Richte den Feldsalat auf den Tellern an, gib den Käse und die Birnenspalten darüber und bestreue alles mit den Walnüssen. Träufle zum Schluss das Dressing über den Salat.

Variation:

- ✔ Wenn du Blauschimmelkäse nicht magst, kannst du alternativ Ziegenkäse verwenden. Anstelle der Birnen eignen sich auch Zwetschgen oder Aprikosen.

Kürbis-Quinoa-Salat

Minuten: 30 **Portionen: 2**

Zutaten:

- ½ Hokkaido-Kürbis
- 120 g Quinoa-Körner
- 1 rote Zwiebel
- 1 Knoblauchzehe
- 50 g Cranberrys
- 3 EL Kürbiskerne
- 2 EL Balsamessig
- 1 TL Honig (flüssig)
- 1 TL Dijon-Senf
- 6 EL Öl
- Salz
- Pfeffer

Zubereitung:

1. Heize deinen Backofen auf 200 °C (Ober-/Unterhitze) vor. Wasche den Kürbis, entferne die Kerne und schneide ihn in Würfel. Gib 1 EL Olivenöl über die Würfel und verteile sie auf einem Backblech. Würze das Ganze mit Salz und Pfeffer und gib es für ca. 25 Minuten in den Backofen. Stelle sicher, dass der Kürbis beim Backen gar wird und lasse das Backblech ggf. etwas länger im Backofen.
2. Wasche die Quinoa-Körner unter kaltem Wasser ab und gib sie zusammen mit 1,5 Tasse Wasser in einen Topf. Bringe das Was-

ser zum Kochen und lasse die Quinoa-Körner anschließend für 20 Minuten köcheln, bis das Wasser eingekocht ist.

3. Gib für das Dressing 5 EL Öl, den Balsamessig, Honig, Senf sowie Salz und Pfeffer in eine Schale und verquirle die Zutaten. Schäle den Knoblauch und drücke ihn durch eine Knoblauchpresse ebenfalls in das Dressing.
4. Hebe die Cranberrys unter die fertigen Quinoa-Körner. Schäle die Zwiebeln und schneide sie in Würfel. Gib sie ebenfalls zu den Quinoa-Körnern. Gieße anschließend das Dressing darüber und rühre alles unter.
5. Lasse das Gericht für 2 bis 3 Stunden ziehen. Schmecke den Salat vor dem Servieren mit Salz und Pfeffer ab, und gib die Kürbiskerne darüber.

Variation:

- ✔ Um das Gericht zu vereinfachen, kannst du fertige Kürbiswürfel in der Dose kaufen. Diese sind bereits durchgegart. So kannst du sie einfach in den Salat geben und musst nichts vorbereiten.

Grünkohl-Salat mit Apfel

Minuten: 30 **Portionen: 2**

Zutaten:

- 500 g Grünkohl
- 2 Äpfel
- 1 Salatgurke
- 1 Avocado
- 200 g Feta
- 2 Zitronen
- 1 TL Senf
- 1 EL Honig (flüssig)
- 5 EL Olivenöl
- Salz
- Pfeffer

Zubereitung:

1. Zupfe den Grünkohl von der großen Mittelrippe und wasche die einzelnen Blätter. Schneide mundgerechte Stücke daraus. Blanchiere den Grünkohl, indem du ihn für 3 Minuten in kochendes gesalzenes Wasser gibst. Gieße das Kochwasser ab, schrecke die Blätter mit kaltem Wasser ab und gib sie in ein Sieb, damit sie abtropfen können.
2. Wasche die Salatgurke und schneide sie in feine Scheiben. Halbiere die Avocado, entkerne sie und ziehe die Schale ab. Schneide auch die Avocado in feine Scheiben. Säubere dann die Äpfel

und entkerne sie. Schneide die Äpfel in kleine Stücke. Zerbrösle den Feta grob in deinen Händen. Presse die Zitronen aus.

3. Verquirle für das Dressing Honig, Senf, Öl und Zitronensaft in einer Schüssel/in einem Behälter.

4. Würze das Dressing mit Salz und Pfeffer, und mische im Anschluss alle Salatzutaten in einer großen Schüssel. Nun kann der Salat angerichtet werden.

Variation:

- Wenn du es besonders weihnachtlich magst, dann verwende Liebesäpfel anstelle der normalen Äpfel. Um die Äpfel zu ersetzen, kannst du Zwetschgen oder Birnen verwenden. Achte darauf, dass die Früchte bereits reif sind, sonst wird das Gericht sauer und die Süße der Früchte fehlt.

Suppen

Maronen-Suppe

Minuten: 30

Portionen: 4

Zutaten:

- 300 g gegarte Maronen
- 300 g Knollensellerie
- 150 g Petersilienwurzel
- 1 Zwiebel
- 1 Knoblauchzehe
- 75 g Walnüsse
- 200 g Schlagsahne
- 200 ml Weißwein (trocken)
- 2 EL Gemüsebrühepulver
- 2 TL Zucker
- 2 EL Butter
- Salz
- Pfeffer

Zubereitung:

1. Schäle den Sellerie und die Petersilienwurzeln, schneide sie anschließend in grobe Stücke. Mache das gleiche mit den Zwiebeln und dem Knoblauch. Würfel diese aber ein wenig feiner, als das andere Gemüse.
2. Brate die Zwiebeln und den Knoblauch mit Butter in einem großen Topf an. Füge die gewürfelten Petersilienwurzeln und den Sellerie hinzu. Lösche das Ganze mit Weißwein und ca. 750 ml

Wasser ab. Rühre die Gemüsebrühe ein und lasse alles aufkochen. Gib zum Schluss noch die Maronen hinzu. Lasse die Suppe bei geringer Hitze für eine Viertelstunde köcheln.

3. Hacke die Walnüsse in grobe Stücke. Röste sie in einer Pfanne ohne Fett an. Gib 1 EL Wasser sowie 2 TL Zucker unter Rühren ebenfalls in die Pfanne. Sobald der Zucker leicht karamellisiert, kannst du die Nüsse aus der Pfanne nehmen und auskühlen lassen.

4. Gieße die Sahne in die Suppe, sobald das Gemüse weich geworden ist. Püriere anschließend die Suppe mit einem Stabmixer, bis alles fein zerkleinert ist.

5. Schmecke die Suppe vor dem Servieren mit Salz und Pfeffer ab. Sollte dir die Suppe zu dickflüssig sein, kannst du ein wenig Gemüsebrühe oder Sahne nachgießen.

6. Verteile die Suppe auf den Suppentellern und gib zum Servieren die karamellisierten Walnüsse darüber.

Variation:

- ✔ Für etwas mehr Abwechslung kannst du zu der Suppe auch Muskat oder einen Schuss Balsamico hinzufügen. Den Weißwein kannst du durch 3 EL Essig und 150 ml Wasser ersetzen.

Rosenkohl mit Chili-Crunch

Minuten: 40 **Portionen: 4**

Zutaten:

- 500 g Rosenkohl
- 1 Scheibe Roggenmischbrot
- 1 Zwiebel
- 1 Knoblauchzehe
- 100 g Schlagsahne
- ½ TL Gemüsebrühepulver
- Muskat
- ½ TL Chiliflocken
- 1 EL Butter
- 5 EL Olivenöl
- Salz
- Pfeffer

Zubereitung:

1. Schäle die Zwiebeln und den Knoblauch, und schneide beides anschließend in feine Stücke. Putze den Rosenkohl, wasche ihn und entferne die äußeren Blätter. Schmeiße diese Blätter aber nicht weg, sondern hebe sie für später auf. Halbiere die einzelnen Röschen.

2. Erhitze Butter in einem großen Topf und dünste darin den Knoblauch, die Zwiebeln und den Rosenkohl an. Gieße das Gemüse mit 500 ml Wasser und der Sahne an. Rühre die Gemüsebrühe ein und lasse alles für ca. 15 Minuten köcheln.

3. Blanchiere die Rosenkohlblätter, indem du sie für 1 Minute in kochendes gesalzenes Wasser gibst. Gieße sie anschließend ab, schrecke sie kalt ab und lasse sie abtropfen. Zerzupfe das Brot und brate es in einer Pfanne mit Öl rundherum knusprig an. Gib die Rosenkohlblätter hinzu und schwenke sie für kurze Zeit durch. Würze das Ganze mit den Chiliflocken.
4. Püriere das Gemüse in der Gemüsebrühe mit einem Stabmixer zu einer feinen Suppe. Schmecke sie vor dem Servieren mit Salz, Pfeffer und Muskat ab. Sollte dir die Suppe zu dickflüssig sein, kannst du ein wenig Gemüsebrühe oder Sahne nachgießen.
5. Gieße die Suppe in die Suppenteller und richte sie mit den Rosenkohl-Brot-Chili-Croûtons an.

Variation:

- ✔ Solltest du keinen Rosenkohl mögen, kannst du ihn durch Kohlrabi ersetzen. Wenn du keine Schärfe in der Suppe haben möchtest, dann lasse die Chiliflocken einfach weg oder ersetze sie durch Paprikapulver.

Kürbis-Orangen-Suppe

Minuten: 35 **Portionen: 6**

Zutaten:

- 1 Hokkaido-Kürbis
- 100 g Kartoffeln
- 3 Orangen
- ½ Knollensellerie
- 2 Zwiebeln
- 2 Knoblauchzehen
- 1 Stück Ingwer
- 2 Möhren
- 900 ml Gemüsebrühe
- 100 ml Weißwein
- 200 ml Sahne
- 1 TL Curry
- 1 TL Kurkuma
- 1 EL Butter
- Salz
- Pfeffer

Zubereitung:

1. Wasche den Kürbis und schneide ihn in grobe Würfel. Schäle den Knollensellerie, die Zwiebeln, die Knoblauchzehen, den Ingwer (nutze am besten einen Teelöffel, um die Schale abzuschaben), die Möhren und die Kartoffeln. Schneide anschließend alles in kleine Würfel.

2. Erhitze Butter in einem Topf, gib zuerst die Zwiebeln, den Knoblauch, das Currypulver und Kurkuma hinzu. Brate alles kurz an. Füge dann die Möhren, den Sellerie, Kürbis und die Kartoffelstücke hinzu und brate das Gemüse ebenfalls an. Lösche anschließend alles mit Weißwein ab und lasse den Wein verkochen.
3. Gieße alles mit Gemüsebrühe auf. Gib den zerkleinerten Ingwer dazu und presse die Orangen aus. Schütte den Saft ebenfalls in den Topf. Lasse alles für 20 Minuten köcheln, bis das Gemüse weich ist.
4. Püriere das Gemüse mit einem Stabmixer zu einer feinen Suppe. Rühre zum Schluss noch die Sahne unter und schmecke die Suppe mit Salz und Pfeffer ab.
5. Gib die Suppe zum Servieren auf die Suppenteller und streue ein wenig Currypulver zum Abschluss darüber.

Variation:

- ✔ Um die Suppe noch weiter zu verfeinern, kannst du sie mit saurer Sahne, Kürbiskernöl oder gerösteten Kürbiskernen beträufeln. Besonders gut schmeckt sie mit frischem Brot zum Dippen.

Blumenkohl-Apfel-Suppe mit Zimtnüssen

Minuten: 40 **Portionen: 4**

Zutaten:

- 1 Blumenkohl
- 2 Äpfel (rot)
- 1 Zwiebel
- 1 Knoblauchzehe
- 100 g Lauch
- 100 g Haselnüsse
- 200 ml Sahne
- 1 EL Honig (flüssig)
- 700 ml Gemüsebrühe
- ½ TL Muskat
- 1 Prise Kurkuma
- 2 EL Rapsöl
- Salz
- Pfeffer

Zubereitung:

1. Schäle die Zwiebeln und den Knoblauch. Schneide sie dann in kleine Würfel. Entferne die äußere Schale des Lauchs, wasche ihn und schneide kleine Ringe daraus. Entferne die Blätter vom Blumenkohl, wasche ihn und schneide die Röschen klein. Wasche die Äpfel, entkerne sie und schneide sie ebenfalls in kleine Stücke.

2. Erhitze das Öl in einem großen Topf und brate die Zwiebel- sowie Knoblauchstücke darin an. Gib nach ca. 2 bis 3 Minuten das restliche Gemüse und die Äpfel hinzu. Lasse alles in dem Topf für 5 Minuten anbraten.
3. Nachdem das Gemüse und Obst angebraten sind, gießt du die Gemüsebrühe dazu und lässt alles für 15 Minuten köcheln.
4. Hacke die Haselnüsse klein und röste sie in einer Pfanne ohne Fett an. Entferne die losen Schalen aus der Pfanne, bevor du den Honig über die Nüsse gibst und diesen kurz mit den Nüssen in der Pfanne karamellisieren lässt. Alles-ohne-Kochbuch
5. Püriere zum Schluss das Gemüse im Topf mit einem Stabmixer zu einer feinen Suppe. Gib die Suppe auf die Teller und richte sie mit den karamellisierten Haselnüssen an.

Variation:

- ✔ Wenn du den Geschmack noch weihnachtlicher haben möchtest, kannst du neben dem Honig noch Zimt zu den gerösteten Haselnüssen hinzugeben. Für mehr Topping kannst du außerdem einige Lauchringe beiseitestellen und diese am Ende ebenfalls über die Suppe geben.

Sellerie-Birnen-Suppe

Minuten: 35 **Portionen: 4**

Zutaten:

- 650 g Knollensellerie
- 3 Birnen (reife)
- 1 Knoblauchzehe
- 1 Zwiebel
- 100 g Kartoffeln
- 1 l Gemüsebrühe
- 1 EL Butter
- 2 EL Olivenöl
- Salz
- Pfeffer

Zubereitung:

1. Schäle die Zwiebeln und schneide sie in feine Würfel. Erhitze sie anschließend in einem großen Topf mit dem Olivenöl, bis sie glasig sind.
2. Schäle den Sellerie und schneide daraus Würfel. Gib die Würfel in den Topf und lasse sie kurz anbraten. Fülle den Topf mit der Gemüsebrühe auf.
3. Schäle die Kartoffeln, schneide sie in kleine Würfel und gib sie ebenfalls in die Gemüsebrühe. Lasse alles aufkochen und anschließend für 15 Minuten köcheln.

4. Nachdem das Gemüse angebraten ist, gießt du die Gemüsebrühe dazu und lässt alles für 15 Minuten köcheln.

5. Drücke die Knoblauchzehe an, bis sich die Schale leicht entfernen lässt. Gib die geschälte und angedrückte Knoblauchzehe in eine Pfanne mit Butter, durch das Andrücken verteilt sich nun das Aroma des Knoblauchs. Wasche die Birnen, entkerne sie und schneide sie in feine Würfel. Gib ⅔ davon in die Pfanne und lasse alles bei mittlerer Hitze anbraten. Falls du keinen Knoblauch magst, lasse ihn einfach weg oder brate ihn nur kurz in der Pfanne an.

6. Gib die restlichen Birnenstücke in den Topf mit der Gemüsebrühe und lasse sie für 5 Minuten mitköcheln. Nimm die Suppe anschließend vom Herd und püriere sie mit einem Stabmixer. Schmecke die Suppe mit Salz und Pfeffer ab.

7. Richte die Suppe auf den Suppentellern an und gib die angebratenen Birnenwürfel über die Suppe.

Variation:

- ✔ Je nach Geschmack kannst du die Suppe auch mit Muskat würzen oder die Birnenwürfel mit etwas gehackter Petersilie vermengen, bevor du sie auf die Suppe gibst. Als weitere Variation kannst du 1 EL Cashewmus in die Suppe geben.

Französische Zwiebel-Suppe

Minuten: 35 **Portionen:** 4

Zutaten:

- 6 Zwiebeln
- 1 Baguette
- 100 g Käse (nach Wahl)
- 1 EL Mehl
- 100 ml Weißwein
- 1 l Gemüsebrühe
- 2 Stiele Thymian
- 3 EL Butter
- Salz
- Pfeffer

Zubereitung:

1. Schäle die Zwiebeln und schneide sie in feine Scheiben. Erhitze die Butter in einem Topf und dünste die Zwiebeln darin an. Bestreue sie, sobald sie glasig sind, mit dem Mehl und brate sie kurz an, bis das Mehl in die Zwiebeln eingebraten ist.
2. Gieße anschließend die Gemüsebrühe und den Weißwein in den Topf und lasse alles zusammen aufkochen. Schließe den Topf dann mit einem Deckel und lasse die Suppe für 10 bis 15 Minuten bei geringer Temperatur köcheln.
3. Reibe den Käse und heize deinen Backofen vor. Verwende am besten die Grillfunktion bei 200 °C oder alternativ Oberhitze.

Schneide das Baguette in 1,5 cm dicke Scheiben und bestreue die Scheiben mit dem geriebenen Käse. Wasche den Thymian und zupfe die Blätter von den Stielen ab. Hacke ihn danach fein.

4. Nimm die Zwiebelsuppe vom Herd und fülle sie in ofenfeste Förmchen. Lege jeweils eine Scheibe des mit Käse bestreuten Baguettes auf die Förmchen. Gib die Suppenförmchen mit den Baguettescheiben in den Backofen, bis der Käse geschmolzen ist.

5. Hole die Förmchen aus dem Backofen und bestreue sie vor dem Servieren mit dem frischen Thymian.

Variation:

- ✔ Solltest du die Suppe für Kinder zubereiten oder selbst keinen Wein mögen, kannst du diesen durch etwas mehr Gemüsebrühe und 2 EL milden Essig ersetzen.

Süßkartoffel-Linsen-Suppe

Minuten: 30 **Portionen: 4**

Zutaten:

- 200 g Süßkartoffeln
- 240 g rote Linsen
- 300 g Babyspinat
- 400 ml Kokosmilch
- 3 TL Currypaste (rot)
- 1 TL Currypulver
- 2 EL Olivenöl
- Salz
- Pfeffer

Zubereitung:

1. Schäle die Süßkartoffeln und schneide sie in grobe Stücke. Wasche den Spinat und schneide ihn ebenfalls klein. Erhitze das Olivenöl in einem großen Top bei mittlerer Hitze und gib die Süßkartoffelstücke hinzu. Lasse sie für ca. 5 Minuten anbraten und würze sie mit etwas Salz und Pfeffer.
2. Gib anschließend den Spinat in den Topf und lasse ihn solange anbraten, bis er zusammenfällt.
3. Gib die Currypaste in den Topf und verrühre sie, bis sie sich am Boden des Topfes absetzt. Füge die roten Linsen und die Kokosmilch hinzu. Vermenge alles gründlich.

4. Gieße die Suppe mit 800 ml Wasser auf. Um keine Kokosmilch zu verschwenden, kannst du die leere Kokosmilchdose einfach zweimal mit Wasser auffüllen und in den Topf gießen. So werden die Reste aus der Dose herausgespült. Bringe die Suppe zum Kochen und lasse alles für 15 Minuten köcheln.

5. Schmecke zum Schluss die Suppe mit Salz, Pfeffer und Currypulver ab.

Variation:

- ✔ Wenn du deine Suppe etwas schärfer magst, kannst du anstelle der roten Currypaste auch grüne Currypaste verwenden. Diese besteht zum größten Teil aus frischen thailändischen grünen Chilis. Sie hat eine besonders feurige Schärfe.

Portugiesische Brot-Suppe

Minuten: 30 **Portionen: 2**

Zutaten:

- 250 g Bauernbrot
- 30 g Koriander
- 150 g Mangold
- 2 Knoblauchzehen
- 650 ml Gemüsebrühe
- 3 EL Olivenöl
- Salz
- Pfeffer

Zubereitung:

1. Schneide das Bauernbrot in kleine Würfel. Wasche den Mangold und entferne die Stängel von den Blättern. Hacke beides getrennt klein. Schäle die Knoblauchzehen und wasche den Koriander. Entferne die Blätter des Korianders von den Stiefeln.
2. Gib den Knoblauch, den Koriander und 2 EL Olivenöl in einen Mixer und mixe die Zutaten, bis ein cremiges Korianderöl entsteht. Würze sie anschließend mit Salz und Pfeffer.
3. Gib das restliche Olivenöl in eine Pfanne und röste die Brotwürfel darin für ca. 7 Minuten. Würze sie mit Salz und Pfeffer.
4. Dünste die gehackten Mangoldstängel in einem Topf mit dem restlichen Olivenöl für 8 Minuten. Gib dann die gehackten Mangoldblätter hinzu.

5. Sobald die Mangoldblätter gar sind, kannst du die Gemüsebrühe in den Topf gießen und auch das gemixte Korianderöl (aus Punkt 2) hinzugeben. Bringe diese Suppe für 3 Minuten zum Köcheln.

6. Gib die Suppe auf die Suppenteller. Streue die Brotcroûtons zum Servieren auf der Suppe.

Variation:

- Solltest du kein Koriander mögen, kannst du alternativ Petersilie, Estragon oder Dill verwenden. Anstelle des Bauernbrots kannst du auch Graubrot oder andere Mischbrotsorten verwenden.

Soljanka

Minuten: 45 | Portionen: 4

Zutaten:

- 250 g Tofu
- 200 g Kartoffeln
- 3 Zwiebeln
- 3 Möhren
- 2 Paprika
- 250 g Gewürzgurken
- 3 Knoblauchzehen
- 200 g Crème fraîche
- 2 l Gemüsebrühe
- 100 g Tomatenmark
- 1 TL Paprikapulver
- 2 Stiele Petersilie
- 2 EL Olivenöl
- Salz
- Pfeffer

Zubereitung:

1. Schäle die Zwiebeln, Kartoffeln und Möhren. Schneide alles in mittelgroße Würfel. Wasche die Paprika, entkerne sie und schneide sie ebenfalls in Stücke. Zerkleinere die Gewürzgurken und den Tofu.
2. Erhitze das Olivenöl in einem großen Topf und brate die Zwiebeln an, bis sie glasig sind. Gib dann die restlichen kleinge-

schnittenen Zutaten aus Punkt 1 hinzu. Lasse alles für 10 Minuten anbraten.

3. Schäle in der Zwischenzeit die Knoblauchzehen und zerkleinere sie mithilfe einer Knoblauchpresse. Gib den Knoblauch für die letzten 5 Minuten der Bratzeit ebenfalls in den Topf zum Anbraten.
4. Wasche die Petersilie und zupfe die Blätter von den Stängeln. Hacke die Blätter anschließend klein.
5. Fülle den Topf mit der Gemüsebrühe auf und gib das Tomatenmark hinzu. Lasse alles für weitere 15 Minuten köcheln, bis die Kartoffeln gar sind.
6. Schmecke die Suppe zum Schluss mit Paprikapulver, Salz und Pfeffer ab. Füge 100 g Crème fraîche in den Suppentopf hinzu.
7. Richte die Suppe auf den Suppentellern an und gib jeweils einen Klecks der restlichen Crème fraîche auf die Suppenteller. Streue anschließend die gehackte Petersilie darüber.

Variation:

- ✔ Um die Suppe noch etwas geschmacksintensiver zu machen, kannst du nach Bedarf Zitronensaft hinzufügen. Das verstärkt den säuerlichen Geschmack der Soljanka.

Pastinaken-Creme-Suppe

Minuten: 40 **Portionen: 8**

Zutaten:

- 750 g Pastinaken
- 2 Zwiebeln
- 300 g Kartoffeln
- 1 Zitrone
- 8 Pflaumen
- 1 l Gemüsebrühe
- 200 g Schlagsahne
- 2 EL Puderzucker
- 3 Stiele Petersilie
- 7 EL Butter
- Salz
- Pfeffer

Zubereitung:

1. Schäle die Zwiebeln und schneide sie in feine Würfel. Schäle die Kartoffeln sowie Pastinaken und schneide diese ebenfalls in kleine Würfel.
2. Erhitze einen Topf mit 4 EL Butter und dünste die Zwiebeln darin an, bis sie glasig sind. Gieße die Gemüsebrühe in den Topf. Lasse alles aufkochen und dann für 20 Minuten köcheln.
3. Wasche die Pflaumen und schneide sie in feine Würfel. Gib den Puderzucker in eine Pfanne und lasse ihn karamellisieren. Füge

die Pflaumenstücke und 3 EL Butter hinzu, sobald der Zucker beginnt, braun zu werden. Lasse alles für 1 Minute garen.

4. Wasche die Petersilie und zupfe die Blätter von den Stielen ab. Hacke die Petersilienblätter klein. Presse die Zitrone aus. Schlage die Sahne steif.
5. Nimm die Suppe vom Herd und püriere sie mit einem Stabmixer, bis keine Stücke mehr vorhanden sind. Gib 1 EL des Zitronensafts hinzu und schmecke die Suppe mit Salz und Pfeffer ab.
6. Gib die Sahne unter die Suppe. Beim Anrichten gibst du die Pflaumenstücke mit der Petersilie über die Suppe.

Variation:

- ✔ Diese Suppe kannst du gut mit Parmesan kombinieren. Gib den Käse vor dem Servieren einfach über die Suppe. Anstelle der Pflaumen kannst du auch Birnen oder Äpfel verwenden. Diese müssen allerdings 3 Minuten in der Pfanne mit dem Zucker garen.

Parmesan-Pilz-Suppe

Minuten: 20 **Portionen: 2**

Zutaten:

- 100 g Parmesan
- 1 EL Worcestersoße
- 1 Schalotte
- 1 Zitrone
- 100 g Sahneschmelzkäse
- 125 g Crème fraîche
- 170 g Pfifferlinge (eingelegt)
- 150 ml Gemüsebrühe
- 1 Stiel Basilikum
- 1 Stiel Oregano
- 1 EL Olivenöl

Zubereitung:

1. Lasse die Pfifferlinge abtropfen und fange die Flüssigkeit dabei auf. Schneide die Pfifferlinge in kleine Stücke. Schäle die Schalotte und schneide sie in kleine Würfel. Reibe den Parmesan fein.
2. Erhitze das Öl in einem Topf und brate darin die Schalottenwürfel an. Gib danach die Pfifferlinge hinzu und lasse sie für 2 Minuten mitbraten. Füge die Gemüsebrühe, etwa 120 ml der Pilzflüssigkeit, die Crème fraîche und den Schmelzkäse hinzu.

Lasse alles bei mittlerer Hitze köcheln, bis der Käse geschmolzen und eine cremige Suppe entstanden ist.

3. Presse die Zitrone aus. Wasche das Basilikum und den Oregano. Zupfe die Blätter von den Stielen der beiden Kräuter und hacke sie klein.
4. Schmecke die Suppe mit Zitronensaft und Worcestersoße ab. Gib ⅔ der Kräuter sowie des Parmesans hinzu und lasse alles für weitere 5 Minuten durchziehen.
5. Richte die Suppe auf den Suppentellern an und verstreue den Rest der Kräuter und des Parmesans darüber.

Variation:

- ✔ Solltest du keine Pfifferlinge mögen, kannst du alternativ auch andere Pilze verwenden. Frische Champignons eignen sich beispielsweise sehr gut. Lasse diese länger anbraten und gib anstelle des Pilzwassers etwas mehr Gemüsebrühe hinzu.

Eintöpfe

Kartoffelgulasch

Minuten: 35 **Portionen: 4**

Zutaten:

- 800 g Kartoffeln
- 4 Zwiebeln
- 2 Knoblauchzehen
- 50 g saure Sahne
- 2 EL Tomatenmark
- 500 ml Gemüsebrühe
- 2 Stiele Petersilie
- ½ TL Cayennepfeffer
- 1 TL Paprikapulver
- 2 EL Olivenöl
- Salz
- Pfeffer

Zubereitung:

1. Schäle die Zwiebeln und die Knoblauchzehen und schneide sie dann in Würfel. Schäle danach die Kartoffeln und schneide sie in grobe Stücke. Erhitze das Öl in einem großen Topf und brate die Zwiebeln mit dem Knoblauch darin an, bis beides glasig ist.
2. Gib die Kartoffelstücke hinzu und rühre das Tomatenmark unter. Warte ein wenig, bis die Kartoffeln die rote Farbe angenommen haben. Lösche dann alles mit Gemüsebrühe ab und lasse es bei geschlossenem Decke 20-25 Minuten garen, bis die Kartoffeln weich sind. Gieße bei Bedarf noch etwas Gemüsebrühe nach.

3. Wasche die Petersilie und ziehe die Blätter einzeln ab. Hacke sie anschließend klein. Würze die Kartoffeln mit Cayennepfeffer. Füge ebenfalls das Paprikapulver sowie Salz und Pfeffer hinzu. Rühre zum Schluss die saure Sahne unter.

4. Verteile den Eintopf auf den Suppentellern. Gib ein wenig Paprikapulver und Petersilie zum Servieren darüber.

Variation:

- ✔ Wenn du dein Gericht noch etwas ausgefallener gestalten möchtest, kannst du es durch Tofu ergänzen. Brate den Tofu dafür in Öl an und mariniere ihn mit dem Paprikapulver. Gib ihn zu dem restlichen Kartoffelgulasch hinzu. Wenn du mehr Gemüse magst, dann kannst du auf Paprika oder Tomaten zurückgreifen und diese zum Gericht ergänzen.

Spitzkohl-Eintopf

Minuten: 30 **Portionen: 4**

Zutaten:

- 1 Spitzkohl
- 1 kg Kartoffeln
- 150 g Schafskäse
- 1 Biozitrone
- 2 EL Olivenöl
- Salz
- Pfeffer

Zubereitung:

1. Schäle die Kartoffeln und schneide daraus ca. 2 cm große Würfel. Schneide den Spitzkohl in Viertel und entferne den harten Strunk. Schneide anschließend die Viertel in ca. 2 cm breite Streifen. Wasche den Spitzkohl, nutze dafür am besten ein Sieb.
2. Gib die Kartoffeln und den Spitzkohl in einen Topf mit 2 TL Salz und ½ l Wasser. Lasse alles bei geschlossenem Deckel für 20 bis 25 Minuten kochen. Kontrolliere zwischendurch, ob das Gemüse bereits gar ist. Es sollte weder zu hart, noch zu weich sein.
3. Schütte die überschüssige Flüssigkeit nach dem Kochen ab und bewahre sie auf. Zerbrösle den Feta mit den Händen über dem Topf und hebe ihn unter die Spitzkohl-Kartoffel-Masse. Gib das Olivenöl hinzu und schmecke alles mit Salz und Pfeffer ab.

4. Reibe zum Schluss die Zitrone und gib den Abrieb in den Eintopf. Sollte dir der Eintopf zu dickflüssig sein, kannst du die aufgehobene Gemüsebrühe hinzufügen.

Variation:

- Anstelle von Spitzkohl kannst du auch Wirsing oder Weißkohl verwenden. Passe hier die Garzeit an, besonders der Wirsing wird weniger Zeit benötigen. Wenn du den Auflauf etwas deftiger magst, kannst du Senf hinzugeben.

Irish Stew

Minuten: 90

Portionen: 4

Zutaten:

- 150 g Pilze (gemischt)
- 1 Stangensellerie
- 200 g Kartoffeln
- 1 Zwiebel
- 2 Knoblauchzehen
- 1 Pastinake
- 1 Möhre
- 80 g Tofu
- 500 ml Dunkelbier
- 4 EL brauner Zucker
- 1 Stiel Rosmarin
- 10 EL Olivenöl
- Salz
- Pfeffer

Zubereitung:

1. Schäle den Knoblauch und die Zwiebel. Schneide den Knoblauch in feine Stücke und die Zwiebel in Würfel. Putze die Pilze und schneide diese in Viertel. Wasche den Sellerie, entferne die Enden und schneide den Sellerie in kleine Würfel. Schäle die Möhre, die Pastinake und die Kartoffeln und schneide diese ebenfalls in kleine Stücke. Wasche den Zweig Rosmarin, zupfe die Nadeln allerdings nicht ab.

2. Erhitze 2 EL Öl in einem Topf und brate den Knoblauch mit den Zwiebeln darin an, bis die Zwiebeln glasig werden. Füge dann das andere bereits geschnittene Gemüse hinzu und lasse alles für 5 Minuten anbraten.

3. Gib den braunen Zucker über das Gemüse im Topf und rühre alles kräftig um, sodass der Zucker karamellisiert. Lege den Rosmarinzweig auf das Gemüse und lösche alles mit dem Dunkelbier ab. Lasse den Topf für eine Stunde bei mittlerer Hitze auf der Herdplatte stehen, sodass das Gemüse bei geschlossenem Deckel köcheln kann.

4. Frittiere in der Zwischenzeit den Tofu in einem separaten Topf. Gieße hierfür das restliche Öl ein, lasse es heiß werden und gib dann den Tofu hinzu.

5. Gib 10 Minuten vor dem Ende der Garzeit des Gemüses den frittierten Tofu in den Topf. Schmecke zum Schluss alles mit Salz und Pfeffer ab. Entferne vor dem Servieren den Stiel Rosmarin.

Variation:

- ✔ Um den originalen irischen Eintopf zu kochen, kannst du anstelle des Dunkelbiers Irish Stout verwenden. Um das Menü festlicher zu gestalten, kannst du Steinpilze und Pfifferlinge hinzugeben.

Möhren-Fenchel-Curry

Minuten: 30 **Portionen: 4**

Zutaten:

- 600 g Fenchelknollen
- 4 Möhren
- 2 Zwiebeln
- 10 g Ingwer
- 1 EL Speisestärke
- 400 ml Kokosmilch
- 1 EL gelbe Currypaste
- 1 rote Chilischote
- 300 ml Gemüsebrühe
- ½ TL Fenchelsaat
- 1 EL Curry
- 2 Stiele Majoran
- 2 EL Sonnenblumenöl
- Salz
- Pfeffer

Zubereitung:

1. Schäle die Zwiebeln und schneide sie anschließend in feine Würfel. Wasche den Fenchel und schneide ihn in Streifen. Schäle die Möhren und schneide sie danach in schräge Scheiben. Schäle den Ingwer (nutze am besten einen Teelöffel, um die Schale abzuschaben) und hacke ihn fein. Wasche die Chilischoten und schneide sie in feine Ringe.

2. Erhitze das Öl in einem großen Topf. Dünste darin die Zwiebeln, den Ingwer, Fenchelsaat und die Chiliringe an. Gib die Möhrenscheiben sowie den Fenchel hinzu und brate alles an. Bestreue das Gemüse mit dem Curry und rühre die Currypaste ein. Lösche alles mit der Kokosmilch und Gemüsebrühe ab. Warte, bis der Eintopf aufkocht und lasse ihn bei geschlossenem Deckel für ca. 5 Minuten köcheln.

3. Verrühre die Speisestärke mit kaltem Wasser in einem Behälter und gib es zum Binden in den köchelnden Sud. Vermische. Wasche den Majoran und hacke ihn klein.

4. Nimm den Topf vom Herd und würze bei Bedarf mit Curry, Salz und Pfeffer nach. Verteile den Eintopf zum Servieren auf Suppenteller und streue den Majoran darüber.

Variation:

- ✔ Besonders gut passt zu diesem Eintopf indisches Naan Brot. Solltest du dein Curry weniger scharf mögen, dann greife zu einer grünen Chilischote anstelle der roten. Wenn du komplett auf die Schärfe verzichten möchtest, kannst du die Chilischote auch weglassen.

Grünkohl-Eintopf

Minuten: 75 **Portionen:** 4

Zutaten:

- 1 kg Grünkohl (TK)
- 750 g Kartoffeln
- 4 Zwiebeln
- 350 g Räuchertofu
- 350 ml Gemüsebrühe
- 6 EL Senf
- 1 EL Olivenöl
- 4 EL Butter
- Salz
- Pfeffer

Zubereitung:

1. Schäle die Kartoffeln und die Zwiebeln. Schneide beides anschließend in Würfel.
2. Erhitze in einem Topf die Butter und dünste die Zwiebeln darin für ca. 5 Minuten an. Füge den gefrorenen Grünkohl und die Gemüsebrühe hinzu. Lasse alles so lange köcheln, bis der Grünkohl aufgetaut ist. Schütte die gewürfelten Kartoffelstücke in den Topf und lasse es für 1 Stunde bei mittlerer Hitze mit Deckel köcheln. Rühre ab und zu um.
3. Schneide den Räuchertofu in Stücke. Erhitze das Olivenöl in einer Pfanne und brate darin den Tofu an, bis er eine gebräun-

te Farbe bekommt. In der Regel dauert dies mindestens 10 Minuten.

4. Sobald der Grünkohl und die Kartoffeln fertiggekocht sind, füge den Senf und den gebratenen Räuchertofu hinzu. Schmecke alles ab und würze bei Bedarf mit Salz und Pfeffer nach.

Variation:

- ✔ Anstelle des tiefgekühlten Grünkohls kannst du auch frischen Grünkohl verwenden. Allerdings ist dieser in der Zubereitung wesentlich aufwendiger: Zuerst wäschst du den Grünkohl und entfernst den Strunk sowie andere Stängel. Im Anschluss hackst du den Kohl in feine Stücke und blanchierst ihn, indem du ihn für 3 Minuten in kochendes gesalzenes Wasser gibst. Danach musst du ihn für gut 1,5 Stunden garen, bevor er genießbar ist und du ihn nach der Anleitung von oben weiterverarbeiten kannst.

Süßkartoffel-Bohnen-Eintopf

Minuten: 30 **Portionen: 3**

Zutaten:

- 2 Möhren
- 85 g Stangensellerie
- 20 g Porree
- 200 g Süßkartoffeln
- 220 g grüne Bohnen (Dose)
- 240 g Kichererbsen (Dose)
- 500 ml Gemüsebrühe
- 2 Stiele Petersilie
- 1 Stiel Bohnenkraut
- 1 EL Rapsöl
- Salz
- Pfeffer

Zubereitung:

1. Schäle die Zwiebeln und schneide sie in feine Stücke. Wasche die Selleriestange und schneide sie in feine Streifen. Entferne die äußeren Blätter des Porrees, wasche ihn und schneide ihn in kleine Halbringe. Schäle die Möhren und schneide sie ebenfalls in kleine Stücke. Mache das gleiche mit den Süßkartoffeln.
2. Erhitze das Öl in einem großen Topf und brate die Zwiebeln darin glasig an. Gib danach das restliche Gemüse hinzu, außer die Bohnen und die Kichererbsen. Gieße anschließend den Topf mit

der Gemüsebrühe auf und würze die Mischung mit Salz und Pfeffer. Lasse alles für 15 Minuten köcheln.

3. Wasche die Petersilie und das Bohnenkraut. Zupfe die Blätter von den Stielen und hacke sie fein. Gib sie für die letzten 5 Minuten zu dem köchelnden Eintopf.

4. Nimm den Topf vom Herd und lasse den Eintopf für 5 Minuten abkühlen. Püriere anschließend alles mit einem Stabmixer. Gehe dafür nur kurz durch die Masse und lasse viele Stücke übrig. Das Pürieren macht den Eintopf ein wenig sämiger, du solltest aber nicht alles fein pürieren.

5. Gieße die Bohnen und die Kichererbsen in ein Sieb und wasche sie. Lasse sie kurz abtropfen und gibt sie in den Eintopf. Stelle den Topf erneut auf den Herd und lasse die Masse für 5 bis 10 Minuten köcheln.

6. Schmecke vor dem Servieren den Eintopf mit Salz und Pfeffer ab.

Variation:

- ✔ Wenn du Kichererbsen nicht magst, kannst du diese durch Kidneybohnen ersetzen. Wenn du dem Eintopf etwas mehr Würze verleihen willst, dann ergänze Paprikapulver und Kreuzkümmel.

Spätzle-Eintopf

Minuten: 35 Portionen: 4

Zutaten:

- 50 g Sellerie
- 1 Zwiebel
- 1 Paprika
- 1 Möhre
- 1 Stange Lauch
- 100 g grüne Bohnen (TK)
- 350 g Kartoffeln
- 1 EL Mehl
- 150 g Spätzle (getrocknet)
- 800 ml Gemüsebrühe
- 100 ml Milch
- 2 Lorbeerblätter
- 2 Stiele Petersilie
- ½ TL Thymian
- 2 EL Rapsöl
- Salz
- Pfeffer

Zubereitung:

1. Schäle den Sellerie und schneide ihn anschließend in kleine Stücke. Mache das gleiche mit der Zwiebel. Wasche die Paprika, entferne die Kerne und schneide sie ebenfalls klein. Schäle die Möhre und schneide sie in feine Scheiben. Schäle die Kartoffeln und schneide sie in mundgerechte Würfel.

2. Erhitze 1 EL Öl in einem großen Topf und brate die Zwiebeln darin an, bis sie glasig sind. Gib dann den Sellerie, die Paprikastücke und die Möhrenscheiben hinzu. Lasse alles für 3 Minuten anbraten. Wasche die Petersilie, zupfe die Blätter ab und hacke sie klein. Gib sie mit dem Thymian und den beiden Lorbeerblättern in den Topf.
3. Sobald das Gemüse in dem Topf angebraten ist, streust du das Mehl darüber und schwenkst das Gemüse darin, bis das Mehl nicht mehr zu sehen ist.
4. Gieße die Gemüsebrühe in den Topf und gib die Kartoffeln, die Bohnen sowie die Spätzle hinzu. Schmecke alles mit Salz und Pfeffer ab und lasse das Ganze für 15 Minuten köcheln.
5. Gib nach den 15 Minuten noch die Milch hinzu und lasse alles für weitere 5 Minuten köcheln. Kontrolliere, ob die Kartoffeln sowie die Spätzle gar sind und nimm dann den Topf vom Herd.
6. Schmecke vor dem Servieren den Eintopf mit Salz und Pfeffer ab. Richte den Eintopf anschließend auf den Suppentellern an.

Variation:

- ✔ Wenn dir der Eintopf nicht sämig genug ist, kannst du ihn mit einem Stabmixer pürieren. Achte dabei darauf, dass du den Mixer nur für ein paar Sekunden in den Eintopf hältst, da ansonsten schnell eine fein pürierte Suppe anstelle eines Eintopfes entsteht.

Wirsing-Minestrone

Minuten: 30

Portionen: 4

Zutaten:

- ½ Wirsingkopf
- 1 Zwiebel
- 3 Möhren
- 2 Knoblauchzehen
- 200 g weiße Bohnen (Dose)
- ½ Biozitrone
- 800 g geschälte Tomaten (2 Dosen)
- 100 g kurze Nudeln
- 50 g Parmesan
- 1 EL Tomatenmark
- 750 ml Gemüsebrühe
- 2 TL italienische Kräuter
- 3 Stiele Petersilie
- 3 Lorbeerblätter
- Zucker
- 3 EL Olivenöl
- Salz
- Pfeffer

Zubereitung:

1. Schäle die Zwiebeln und den Knoblauch und schneide beides in kleine Stücke. Schäle die Möhren und schneide sie in Scheiben. Entferne den Strunk des Wirsings, schneide ihn in kleine Stücke und wasche ihn.

2. Erhitze das Olivenöl in einem großen Topf und brate die Zwiebelwürfel darin an, bis sie glasig sind. Gib die Möhrenscheiben sowie den Wirsing dazu und lasse beides für eine kurze Zeit mitschmoren. Füge den gehackten Knoblauch sowie das Tomatenmark hinzu und lasse alles bei mittlerer Hitze unter Rühren anbraten.

3. Gieße die Gemüsebrühe in den Topf und gib die geschälten Tomaten sowie die Kräuter und Lorbeerblätter hinzu. Lasse alles aufkochen und bei geschlossenem Deckel für ca. 8 Minuten köcheln. Schmecke das gekochte Gemüse mit Salz und Pfeffer ab.

4. Gib die ungekochten Nudeln hinzu und rühre die entstandene Minestrone erneut kräftig um. Lasse den Eintopf für weitere 8 Minuten köcheln.

5. Wasche die Zitrone unter heißem Wasser und reibe die Schale ab. Gib die weißen Bohnen in ein Sieb, wasche sie und lasse sie abtropfen. Füge die Bohnen und den Zitronenabrieb zu der Minestrone hinzu. Probiere, ob die Nudeln bissfest sind und nimm den Topf vom Herd.

6. Reibe den Parmesan und wasche die Petersilie. Zupfe die Blätter ab und hacke sie fein. Gib den Eintopf auf die Teller und bestreue ihn mit ein wenig Parmesan und der frischen Petersilie.

Variation:

- ✔ Wenn du keine Nudeln im Haus hast, kannst du Reis verwenden. Hierbei musst du mehr Gemüsebrühe hinzufügen, da der Reis das Wasser beim Kochen aufsaugt. Für 4 Personen sind ca. 1 l Gemüsebrühe und 100 g Reis ausreichend.

Kürbis in Kakao-Orangensoße

Minuten: 50 **Portionen: 4**

Zutaten:

- 450 g Hokkaido-Kürbis
- 3 Zwiebeln
- 2 Paprika
- 2 Rote Beten
- 10 g Ingwer
- 1 Knoblauchzehe
- 200 g Feta
- 2 EL Tomatenmark
- 150 ml Orangensaft
- 3 EL Backkakao
- 3 Stiefel Koriander
- 2 EL Sesamöl
- Salz
- Pfeffer

Zubereitung:

1. Schäle die Zwiebeln und schneide sie in Spalten. Wasche die Paprika und schneide sie in kleine Stücke. Wasche den Kürbis, entferne die Kerne und schneide ihn in mundgerechte Stücke. Ziehe zum Schälen der Roten Bete Einmalhandschuhe an oder öle deine Hände ein. Die Hände färben sich sonst stark rot. Schneide die Rote Bete nach dem Schälen in feine Stücke. Schäle den Ingwer (nutze am besten einen Teelöffel, um die Schale abzuschaben) und den Knoblauch. Hacke beides fein.

2. Gib das Sesamöl in einen großen Topf und erhitze darin die Zwiebelstücke, bis sie glasig sind. Gib dann den Kürbis, die Rote Bete, Paprika, den Ingwer und Knoblauch hinzu. Lasse alles für eine kurze Zeit anbraten.
3. Rühre dann das Tomatenmark unter und lasse es kurz anschwitzen. Sobald es ein wenig eingezogen ist, rühre 2 EL des Kakaos unter. Lösche das Ganze mit dem Orangensaft ab. Füge 400 ml Wasser hinzu und lasse den Eintopf aufkochen. Lasse den Topf mit geschlossenem Deckel für 20 bis 25 Minuten köchelnd auf dem Herd.
4. Wasche den Koriander und zupfe die Blätter ab. Hacke sie anschließend fein.
5. Nimm den Topf vom Herd und schmecke den Eintopf mit Salz und Pfeffer ab. Zerbrösle anschließend den Feta über dem Topf.
6. Gib den Eintopf zum Servieren auf die Suppenteller und bestreue ihn anschließend mit dem restlichen Kakao und dem Koriander.

Variation:

✔ Anstelle des Kürbisses kannst du auch Süßkartoffeln verwenden. Wenn dir die Variation mit dem Kakao zu ausgefallen ist, kannst du Paprikapulver als Ersatz dafür in den Eintopf geben.

Linsen-Eintopf

Minuten: 50 Portionen: 3

Zutaten:

- 1 Zwiebel
- 1 Knoblauchzehe
- 2 Möhren
- 2 Stangen Sellerie
- 2 Paprika
- 200 g Kartoffeln
- 180 g grüne Linsen
- 50 g Joghurt
- 2 EL Tomatenmark
- 1 EL Apfelessig
- 1 Lorbeerblatt
- 2 Stiele Petersilie
- 2 EL Olivenöl
- Salz
- Pfeffer

Zubereitung:

1. Schäle die Zwiebeln und den Knoblauch und hacke alles fein. Schäle ebenfalls die Möhren und die Kartoffeln und schneide beides in kleine Würfel. Wasche den Sellerie und die Paprika. Hacke beides grob.
2. Gib das Olivenöl in einen großen Topf und brate darin die Zwiebeln mit dem Knoblauch an. Sobald die Zwiebeln glasig sind,

gibst du die Möhren, Kartoffeln, Paprika und den Sellerie hinzu. Lasse alles für 5 Minuten anbraten. Gib dann das Tomatenmark hinzu und brate es ebenfalls für 2 Minuten an. Sobald das Tomatenmark ein wenig eingezogen ist, gibst du die Linsen und das Lorbeerblatt in den Topf. Gieße alles mit 750 ml Wasser auf. Lasse das Ganze aufkochen und anschließend bei mittlerer Hitze und geschlossenem Deckel für 30 Minuten kochen. Überprüfe zwischendurch, ob die Linsen weich genug sind und der Eintopf sämig wird. Gieße bei Bedarf Wasser nach.

3. Wasche die Petersilie, zupfe die Blätter ab und hacke sie klein. Nimm den Eintopf vom Herd und gib den Apfelessig hinzu. Schmecke alles mit Salz und Pfeffer ab. Streue zum Anrichten die Petersilie über den fertigen Eintopf und gib einen Klecks Joghurt darauf.

Variation:

- ✔ Um etwas Zeit zu sparen, kannst du auch eingeweichte Linsen verwenden. Dadurch sparst du dir den langen Kochprozess. Gib die Linsen in den Eintopf, sobald das Gemüse gar ist.

Nudelgerichte

Walnuss-Bolognese

Minuten: 25 | Portionen: 4

Minuten: 25

Portionen: 4

Zutaten:

- 100 g Walnüsse
- 1 Möhre
- 2 Knoblauchzehen
- 150 g Champignons
- 400 g Spaghetti
- 50 g Parmesan
- 50 ml Rotwein (trocken)
- 400 g stückige Tomaten (Dose)
- 1 EL Tomatenmark
- 50 ml Gemüsebrühe
- 1 TL italienische Kräuter
- 2 EL Olivenöl
- Salz
- Pfeffer

Zubereitung:

1. Schäle die Möhre und hacke sie sehr fein. Schäle den Knoblauch und drücke ihn mit der flachen Seite des Messers an. Putze die Champignons vorsichtig und schneide sie in kleine Würfel.
2. Erhitze das Olivenöl in einer Pfanne. Brate darin die Pilze an und gib den Knoblauch hinzu, sobald die Flüssigkeit der Champignons verkocht ist. Füge die Möhrenstücke hinzu und lasse das Gemüse für 5 Minuten andünsten.

3. Hacke die Walnüsse klein. Gib sie für 2 Minuten ebenfalls zum Mitbraten in die Pfanne. Lösche anschließend alles mit dem Rotwein ab. Am besten eignet sich hierfür ein trockener Rotwein.

4. Sobald der Rotwein verkocht ist, fügst du das Tomatenmark und die stückigen Tomaten aus der Dose hinzu. Gib ebenfalls die italienischen Kräuter in die Pfanne. Verrühre alles gut miteinander und lasse es bei geringer Hitze mit geschlossenem Deckel für ca. 15 Minuten köcheln.

5. Koche in der Zwischenzeit die Nudeln in einem anderen Topf. Reibe den Parmesan fein.

6. Nimm die Bolognese-Pfanne nach 15 Minuten vom Herd und schmecke sie mit Salz und Pfeffer ab. Sollte dir die Soße zu dickflüssig sein, kannst du noch die Gemüsebrühe hinzufügen. Sollte dir die Soße zu flüssig sein, dann gib ein wenig mehr Tomatenmark hinzu und lasse die Pfanne ohne Deckel für ein paar Minuten auf dem Herd. So verkocht die Flüssigkeit.

7. Gieße die Spaghetti ab und vermenge sie mit der Walnuss-Bolognese. Verteile die Nudeln auf den Tellern und serviere sie mit Parmesan.

Variation:

- ✔ Du kannst für dieses Nudelgericht auch andere Nüsse verwenden. Mit Haselnüssen, Mandeln oder einem Nuss-Mix schmeckt es ebenfalls sehr gut.

Tagliatelle in Weißweinsoße mit Wirsing

Minuten: 30 **Portionen: 4**

Zutaten:

- 8 Wirsingblätter
- 2 Zwiebeln
- 500 g Tagliatelle
- 50 g Pinienkerne
- 100 g Käse (würzig)
- 50 ml Gemüsebrühe
- 250 g Sahne
- 250 g Schmand
- 80 ml Weißwein
- 1 TL Thymian
- 2 EL Olivenöl
- Salz
- Pfeffer

Zubereitung:

1. Wasche die Wirsingblätter, entferne den Stiel und schneide sie klein. Schäle die Zwiebeln und schneide sie in feine Stücke.
2. Koche den Wirsing in heißem Wasser für 8 Minuten, bis er gar ist. Schrecke ihn danach mit kaltem Wasser ab und stelle ihn für kurze Zeit beiseite. Reibe den Käse und röste die Pinienkerne in einer Pfanne ohne Fett an.

3. Erhitze das Öl in einer Pfanne und brate darin die Zwiebeln an, bis sie glasig sind. Gib den Wirsing hinzu und brate ihn für 2 Minuten mit. Streue den Thymian über das Wirsinggemüse und lösche alles mit dem Weißwein ab. Lasse den Wein verkochen.
4. Koche in der Zwischenzeit die Tagliatelle in gesalzenem Wasser, bis sie bissfest sind.
5. Füge die Sahne zur Soße hinzu, sobald der Weißwein verkocht ist. Gib auch die Gemüsebrühe und den Schmand in die Pfanne. Verteile den Käse darüber und warte, bis er sich aufgelöst hat. Schmecke zum Schluss die Soße mit Salz und Pfeffer ab.
6. Schütte die Tagliatelle ab und vermenge sie mit der Wirsingsoße. Verteile zum Servieren die gerösteten Pinienkerne über den Nudeln.

Variation:

- Aus diesem Gericht kannst du auch einen Auflauf machen. Gib dafür den Käse nicht in die Soße. Verteile die Nudeln mit der Soße in einer Auflaufform. Verteile den Käse darüber und gib den Auflauf bei 180 °C (Ober/Unterhitze) für 10 Minuten in den Backofen.

Kürbis-Cranberry-Pasta

Minuten: 25

Portionen: 4

Zutaten:

- 600 g Hokkaido-Kürbis
- 60 g Rucola
- 400 g Spaghetti
- 2 EL Cranberrys
- 1 EL Macadamianüsse (gesalzen)
- 190 g Pesto
- 2 EL Olivenöl
- Salz
- Pfeffer

Zubereitung:

1. Wasche den Kürbis und halbiere ihn. Hole die Kerne mit einem Löffel heraus und schneide den Kürbis in kleine Würfel. Wasche den Rucola und lasse ihn abtropfen. Schneide die Blätter kleiner, indem du sie halbierst.
2. Bringe die Nudeln in gesalzenem Wasser zum Kochen und gare sie, bis sie bissfest sind.
3. Brate die Kürbisstücke in einer großen Pfanne mit Öl für 7 Minuten an. Schmecke das Gemüse mit Salz und Pfeffer ab.

4. Hacke die Macadamianüsse und die Cranberrys in grobe Stücke. Verrühre beides mit dem Pesto in einer Schüssel, lasse dabei aber ein paar Cranberry- und Macadamiastücke übrig.

5. Schütte das Nudelwasser ab, sobald die Nudeln bissfest sind. Lasse sie abtropfen und vermische sie anschließend mit dem Kürbis und dem Pesto in dem noch warmen Topf, in dem die Nudeln gekocht haben. Mische zum Schluss den Rucola unter die Nudeln.

6. Verteile die Nudeln auf den Tellern und streue zum Servieren die restlichen Cranberry- und Macadamiastücke darüber.

Variation:

- ✔ Um das Gericht noch schneller fertig zu stellen, kannst du auch bereits gegarten Kürbis aus der Dose verwenden. Dadurch sparst du dir den Aufwand des Kleinschneidens und Garens. Brate den Dosenkürbis für kurze Zeit in der Pfanne an und folge ansonsten dem Rezept.

Linsenlasagne

Minuten: 60 **Portionen: 4**

Zutaten:

- 10-12 Lasagneplatten
- 300 g Linsen (Dose)
- 1 Zwiebel
- 1 Knoblauchzehe
- 2 Möhren
- 1 Kugel Mozzarella
- 100 g Parmesan
- 250 g passierte Tomaten (Dose)
- 150 ml Gemüsebrühe
- 1 TL Paprikapulver
- 1 TL Kreuzkümmel
- 2 EL Olivenöl
- Salz
- Pfeffer

Zubereitung:

1. Schäle die Zwiebeln und den Knoblauch, hacke anschließend beides fein. Schäle die Möhren und schneide sie in kleine Würfel. Reibe den Parmesan fein.
2. Brate die Zwiebeln und den Knoblauch in einer Pfanne mit Öl an, bis die Zwiebeln glasig sind. Gib die Möhren dazu und lasse diese ebenfalls kurz in der Pfanne andünsten.

3. Lasse die Linsen abtropfen und gib sie in die Pfanne zu den Möhren. Brate sie mit Kreuzkümmel und Paprikapulver für kurze Zeit an.

4. Lösche alles mit den passierten Tomaten und der Gemüsebrühe ab. Lasse die Masse in der Pfanne mit geschlossenem Deckel bei mittlerer Hitze für 10 Minuten köcheln. Schmecke die Masse mit Salz und Pfeffer ab.

5. Schneide die Mozzarellakugel in feine Scheiben. Heize deinen Backofen auf 180 °C (Ober-/Unterhitze) vor.

6. Fette eine Auflaufform ein. Gib ⅓ der Linsensoße auf den Boden der Form und verteile darauf Lasagneplatten. Gib eine weitere Schicht Linsen darüber. Lege erneut Lasagneplatten darauf. Gib die restlichen Linsen auf die Platten. Verteile die Mozzarellascheiben darüber und bestreue zum Schluss alles mit dem Parmesan.

7. Gib die Auflaufform in den Backofen und lasse die Lasagne für 35 Minuten backen. Sollte sie dann noch nicht braun sein, verlängere die Backzeit ein wenig.

Variation:

- ✔ Anstelle der Linsen kannst du auch auf einen vegetarischen Fleischersatz zurückgreifen. Brate diesen kräftig in der Pfanne an, bevor du die Tomaten und die Gemüsebrühe hinzufügst.

Apfelpasta mit Feldsalat-Pesto

Minuten: 30 **Portionen: 4**

Zutaten:

- 400 g Vollkornpasta
- 2 Äpfel (säuerlich)
- 100 g Apfelringe (getrocknet)
- 1 Knoblauchzehe
- 60 g Feldsalat
- 1 Biozitrone
- 45 g Pinienkerne
- 30 g Parmesan
- 1 EL Butter
- 80 ml Rapsöl
- Salz
- Pfeffer

Zubereitung:

1. Röste die Pinienkerne in einer Pfanne ohne Fett an. Nimm sie heraus und stelle sie beiseite.
2. Schäle den Knoblauch und schneide ihn in grobe Stücke. Wasche den Feldsalat und trockne ihn. Reibe den Parmesan. Wasche die Zitrone unter heißem Wasser und reibe die Schale ab. Presse die Zitrone anschließend aus.
3. Gib den Feldsalat, 1 EL der Pinienkerne, den Knoblauch, Parmesan, 2 EL des Zitronensafts und den Zitronenabrieb in einen Mi-

xer. Püriere alles fein. Lasse dabei das Rapsöl einfließen, sodass das Pesto cremig wird. Schmecke es mit Salz, Pfeffer und mit Zitronensaft ab.

4. Wasche die Äpfel und schneide sie in kleine Würfel. Erhitze die Butter in einer Pfanne und lasse die Äpfel darin goldbraun werden. Halbiere die Apfelringe und lasse auch diese in der Pfanne rösten.
5. Koche die Nudeln in gesalzenem Wasser, bis sie bissfest sind. Gieße das Nudelwasser ab und fülle die Nudeln zurück in den Topf. Vermische sie mit dem Pesto und ⅔ der Apfelstücke.
6. Gib die Nudeln auf die Teller. Verteile zum Anrichten den Rest der Apfelstücke und die Pinienkerne darüber.

Variation:

- ✔ Anstelle der Vollkornpasta kannst du auch Weizennudeln verwenden. Die Pinienkerne kannst du durch Walnüsse austauschen. Um das Gericht weihnachtlicher zu gestalten, kannst du Liebesäpfel anstelle der normalen Äpfel verwenden.

Maronen-Tomaten-Nudeln

Minuten: 35 **Portionen:** 4

Zutaten:

- 250 g geröstete Maronen
- 250 g Kirschtomaten
- 800 g stückige Tomaten (2 Dosen)
- 2 Zwiebeln
- 3 Knoblauchzehen
- 400 g Kichererbsen (Dose)
- 400 g Penne
- 3 EL Zucker
- 1 EL Harissapaste
- 2 EL Butter
- Salz
- Pfeffer

Zubereitung:

1. Spüle die Kichererbsen in einem Sieb ab und lasse sie abtropfen. Schäle die Zwiebeln und schneide sie in feine Würfel.
2. Erhitze 1 El Butter in einer Pfanne und lasse die Zwiebeln darin dünsten, bis sie glasig sind. Rühre die Harissapaste ein und lasse sie kurz anschwitzen. Lösche alles mit den stückigen Tomaten ab und gib die Kichererbsen hinzu. Koche alles auf und lasse es bei geringer Hitze für 20 Minuten mit geschlossenem Deckel köcheln.

3. Schäle den Knoblauch und drücke ihn an. Schäle die Maronen und hacke das Fruchtfleisch grob. Lasse den Zucker in einer Pfanne hellgold karamellisieren und gib 1 EL Butter hinzu. Sei dabei vorsichtig, dass die Herdplatte nicht zu heiß eingestellt ist. Gib die Maronen und den Knoblauch hinzu und schwenke beides für 2 Minuten bei schwacher Hitze in der Zuckerpaste. Entleere die Pfanne auf einem Backpapier und lasse die Maronen abkühlen.

4. Koche die Penne in gesalzenem Wasser, bis sie bissfest sind. Wasche die Kirschtomaten, halbiere sie und gib sie 3 Minuten vor dem Ende der Garzeit in die Kichererbsensoße.

5. Gieße das Nudelwasser ab und schütte die Nudeln zurück in den Topf. Gib die Soße dazu und mische alles gut durch. Schmecke das Gericht mit Salz und Pfeffer ab.

6. Richte die Nudeln auf den Tellern an und gib die gerösteten Maronen darüber.

Variation:

- ✔ Geröstete Maronen können schwer zu finden sein. Du kannst sie dir aber einfach selbst machen. Kaufe dazu Maronen in der Schale und ritze sie kreuzweise ein. Gib sie für 30 Minuten bei 200 °C (Ober-/Unterhitze) in den Backofen, bis die Schale aufplatzt.

Gewokte Rotkohl-Reisnudeln

Minuten: 40

Portionen: 4

Zutaten:

- 400 g Rotkohl
- 2 Möhren
- 2 Knoblauchzehen
- 1 Limette
- Shisokresse
- 250 g Reisbandnudeln
- 400 ml Kokosmilch (Dose)
- 2-3 EL Erdnussbutter
- 3 EL Chilisoße
- 1 EL heller Sesam
- 1 EL schwarzer Sesam
- 1 Prise Zucker
- 2 EL Sesamöl
- Salz
- Pfeffer

Zubereitung:

1. Schäle die Möhren und schneide sie längs in feine Stifte. Wasche den Rotkohl, entferne den Strunk und schneide ihn in feine Streifen. Schäle den Knoblauch und hacke ihn fein.
2. Erhitze das Öl in einem Wok oder einer großen Pfanne und dünste darin den Knoblauch. Gib die Möhren und den Rotkohl hinzu, lasse alles kurz anbraten. Füge 3 EL Wasser hinzu und

lasse das Wok-Gemüse bei mittlere Hitze 8 Minuten braten.

3. Koche die Reisnudeln in gesalzenem Wasser. Wasche die Kresse. Presse die Limette aus. Verrühre die Erdnussbutter mit 4 EL Nudelwasser, der Kokosmilch, der Chilisoße und dem Limettensaft in einem weiteren Topf. Bringe die Soße zum Kochen und schmecke alles mit Salz und Pfeffer ab.
4. Gieße die Reisnudeln ab, sobald sie bissfest sind. Schütte sie zurück in den Topf.
5. Würze den Möhren-Rotkohl-Mix mit Salz, Pfeffer und einer Prise Zucker. Vermische das Gemüse mit den Nudeln im Topf und gib die Soße hinzu.
6. Richte die Nudeln auf den Tellern an und gib den hellen und dunklen Sesam sowie die Kresse darüber.

Variation:

- ✔ Anstelle der Reisnudeln kannst du auch Mie-Nudeln oder Spaghetti verwenden. Achte darauf, die Garzeit entsprechend der Packungsanweisung je nach Nudelsorte anzupassen. Die Möhren kannst du durch Pastinaken ersetzen.

Grünkohl-Cannelloni

Minuten: 90 **Portionen: 4**

Zutaten:

- 250 g Grünkohl
- 2 Zwiebeln
- 1 Knoblauchzehe
- 800 ml stückige Tomaten (2 Dosen)
- 125 g Ricotta
- 20 Cannelloni
- 100 g Emmentaler
- 300 ml Gemüsebrühe
- 1 EL Tomatenmark
- 7 Stiele Majoran
- 1 Prise Zucker
- 2 EL Butter
- 3 EL Rapsöl
- Salz
- Pfeffer

Zubereitung:

1. Wasche den Grünkohl und dünste ihn in kochendem gesalzenem Wasser. Gieße das Kochwasser ab und schrecke den Grünkohl unter kaltem Wasser ab. Lasse ihn anschließend abtropfen.
2. Schäle die Zwiebeln und schneide sie in feine Würfel. Hacke den Grünkohl in feine Stücke. Erhitze 2 EL Öl in einem Topf und gib die Hälfte der Zwiebelwürfel zum Andünsten hinein. Gib anschließend den Grünkohl hinzu. Nachdem du diesen für

3 Minuten angedünstet hast, lösche das Ganze mit 150 ml Gemüsebrühe ab und lasse die Masse für 30 Minuten mit geschlossenem Deckel schmoren. Schmecke den Grünkohl anschließend mit Salz, Pfeffer und etwas Zucker ab. Gib den Inhalt des Topfes in ein Sieb und drücke den Grünkohl mit einer Schöpfkelle aus. Lasse ihn anschließend in einer Schüssel abkühlen.

3. Schäle den Knoblauch und schneide ihn in feine Würfel. Erhitze das restliche Öl in einer Pfanne und dünste den Knoblauch mit den restlichen Zwiebeln darin glasig. Rühre das Tomatenmark unter und schwitze es für kurze Zeit an. Lösche das Ganze mit der restlichen Brühe und den Tomaten ab. Lasse die Mischung aufkochen und für 4 Minuten köcheln. Wasche den Majoran und zupfe die Blätter ab. Hacke ⅔ davon fein. Gib den gehackten Majoran unter die Soße und schmecke sie mit Salz, Pfeffer und ein wenig Zucker ab.

4. Heize deinen Backofen auf 200 °C (Ober-/Unterhitze) vor. Gib den Ricotta unter den Grünkohl und schmecke die Masse mit Salz und Pfeffer ab. Reibe den Käse.

5. Fette eine Auflaufform ein und verteile etwas von der Tomatensoße darin. Fülle die Cannelloni mit der Grünkohl-Masse und gib sie in die Form. Gieße erneut Tomatensoße darüber, sobald die erste Schicht liegt. Gib weitere Cannelloni darauf. Schließe den Auflauf mit Tomatensoße ab und streue den Käse darüber. Gib ihn für 40 Minuten in den Backofen.

6. Verteile die Cannelloni auf den Tellern und bestreue sie zum Servieren mit den restlichen Majoranblättern.

Variation:

- ✔ Alternativ zum Grünkohl kannst du Wirsing verwenden. Anstelle des Emmentalers kannst du auch einen würzigeren Käse, wie einen Bergkäse, verwenden.

Rotwein-Tofu-Pasta

Minuten: 40 **Portionen: 2**

Zutaten:

- 350 g Tofu
- 1 Zwiebel
- 500 g Champignons
- 2 Knoblauchzehen
- 10 g Ingwer
- 350 g Bandnudeln
- 125 ml Rotwein
- 200 ml Buttermilch
- 3 EL Tomatenmark
- 4 EL Sojasoße
- 2 Stiele Basilikum
- 2 Stiele Petersilie
- 5 EL Butter
- Salz
- Pfeffer

Zubereitung:

1. Schneide den Tofu in kleine Würfel und mariniere sie in einer Schüssel mit Sojasoße. Gieße dafür die Soße über den Tofu und hebe alles untereinander. Stelle die Mischung in den Kühlschrank.
2. Schäle die Zwiebeln und schneide sie in Ringe. Putze die Champignons und schneide sie in Scheiben. Schäle den Knoblauch

sowie den Ingwer und hacke beides fein. Verwende zum Schälen des Ingwers am besten einen kleinen Teelöffel, so kannst du die Schale einfach abschaben.

3. Erhitze in einem Wok oder einer Pfanne 3 EL Butter und dünste die Zwiebelringe darin an. Gib den Knoblauch sowie den Ingwer zum Mitbraten in den Wok. Füge zum Schluss die Champignons hinzu und lasse sie für 10 Minuten schmoren. Nimm anschließend die Mischung aus dem Wok und stelle sie beiseite.

4. Lasse die restliche Butter in dem Wok schmelzen und gib den marinierten Tofu hinein. Brate ihn scharf an und gib im Anschluss die Zwiebel-Pilz-Mischung hinzu. Rühre das Tomatenmark unter und brate es kurz mit an. Lösche dann alles mit dem Wein und der Buttermilch ab. Reduziere die Temperatur und schmecke alles mit Salz und Pfeffer ab. Lasse die Pfanne auf dem Herd, sodass die Soße einkochen kann. Rühre ab und zu um.

5. Koche in der Zwischenzeit die Nudeln, sodass sie bissfest sind. Wasche die Petersilie und das Basilikum, zupfe die Blätter ab und hacke sie klein.

6. Gieße das Nudelwasser ab und richte die Nudeln auf den Tellern an. Gib die Soße über die Nudeln und verstreue die Kräuter darüber.

Variation:

- ✔ Anstelle des Tofus kannst du auch auf einen anderen Fleischersatz wie vegetarisches Hackfleisch zurückgreifen oder weiteres Gemüse wie Paprika und Aubergine zu der Soße hinzufügen.

Gorgonzola-Pasta mit Radicchio

Minuten: 25 **Portionen: 2**

Zutaten:

- 1 Radicchio
- 1 Birne
- 400 g frische Tagliatelle
- 150 g Gorgonzola
- 50 g Walnüsse
- 50 ml Weißwein
- 100 ml Sahne
- 1 TL Zucker
- 1 Prise Muskat
- 1 EL Olivenöl
- Salz
- Pfeffer

Zubereitung:

1. Schäle die Birnen, entkerne sie und schneide sie in kleine Würfel. Schneide den Radicchio in Viertel, entferne die Enden und schneide ihn anschließend in Streifen. Hacke die Walnüsse in grobe Stücke. Schneide den Gorgonzola ebenfalls in grobe Stücke.
2. Erhitze das Öl in einer Pfanne. Gib die Walnüsse hinein und lasse sie zusammen mit dem Zucker karamellisieren. Sobald sie eine leicht gold-bräunliche Farbe annehmen, fügst du die Birnen

und den Radicchio hinzu. Brate alles für kurze Zeit an. Lösche es im Anschluss mit einem Schuss Weißwein ab.

3. Koche die Nudeln in gesalzenem Wasser, bis sie bissfest sind. Gib den Gorgonzola in die Pfanne zu den Birnen und lasse ihn schmelzen. Sollte dir die Soße zu dickflüssig sein, kannst du etwas Wein oder Wasser hinzufügen. Schmecke alles mit Salz, Pfeffer und Muskat ab.

4. Gieße das Wasser der Nudeln ab und vermische sie vor dem Servieren mit der Soße. Verteile die Nudeln anschließend auf den Tellern.

Variation:

- ✔ Anstelle des Gorgonzolas kannst du auch einen anderen Käse verwenden, zum Beispiel Frischkäse. Dieser verleiht dem Gericht einen anderen Geschmack. Wenn du die Birne ersetzen möchtest, kannst du Zwetschgen verwenden.

Rotkohl-Nudeln

Minuten: 90

Portionen: 6

Zutaten:

- 600 g Rotkohl
- 250 g Äpfel
- 1 Zwiebel
- 150 g Bergkäse
- 500 g Linguine
- 180 g Frischkäse
- 2 EL Kirschmarmelade
- 120 ml Rotwein
- 40 g Zucker
- 1 TL Thymian
- 2 EL Rapsöl
- Salz
- Pfeffer

Zubereitung:

1. Wasche die Äpfel und entkerne sie. Schneide sie anschließend in kleine Stücke. Entferne den Strunk des Rotkohls, schneide ihn in feine Streifen und wasche ihn. Schäle die Zwiebel und hacke sie klein.
2. Gib das Öl in einen Topf und dünste die Zwiebeln darin, bis sie glasig sind. Gib den Rotkohl hinzu sowie die Äpfel. Lasse alles kurz anbraten. Füge den Zucker hinzu und lasse ihn karamellisieren.

3. Gieße 200 ml Wasser sowie den Rotwein in den Topf. Würze den Rotkohl mit ½ TL Salz und lasse ihn für eine gute Stunde mit geschlossenem Deckel köcheln.
4. Koche währenddessen die Nudeln in gesalzenem Wasser bissfest. Gib 4 Suppenkellen des Nudelwassers in eine separate Schüssel und verrühre es mit dem Frischkäse sowie Thymian und ½ TL Salz zu einer Soße.
5. Gieße die Nudeln ab und vermische sie mit der Frischkäsesoße. Würze bei Bedarf mit Salz und Thymian nach. Lasse die Nudel-Masse ruhen, bis der Rotkohl fertig ist. In dieser Zeit kann die Flüssigkeit in die Nudeln einziehen.
6. Heize den Backofen auf 220 °C (Ober-/Unterhitze) vor. Reibe den Käse. Fette eine Auflaufform und verteile den Rotkohl darin, sobald dieser fertig ist. Gib die Nudeln auf den Rotkohl und verteile den Käse darüber.
7. Gib den Auflauf für 10 bis 15 Minuten in den Backofen, bis der Käse geschmolzen und leicht braun geworden ist.

Variation:

- ✔ Um etwas Zeit zu sparen, kannst du auch fertigen Rotkohl aus dem Glas oder tiefgekühlten Rotkohl verwenden. Wenn du keinen Rotkohl magst, kannst du ihn durch Wirsing oder Spitzkohl ersetzen.

Knödel & Spätzle

Spinatknödel

Minuten: 45 | Portionen: 4

Minuten: 45

Portionen: 4

Zutaten:

- 250 g Spinat (passiert, TK)
- 1 Zwiebeln
- 2 Knoblauchzehen
- 5 Brötchen
- 125 ml Milch
- 2 Eier
- 50 g Bergkäse
- 30 g Semmelbrösel
- 50 g Parmesan
- 160 g Butter
- Salz
- Pfeffer

Zubereitung:

1. Lasse den Spinat auftauen und abtropfen. Reibe den Bergkäse. Schneide die Brötchen klein und gib sie in eine Schüssel. Erwärme die Milch und gieße sie darüber. Salze die Masse anschließend.
2. Verquirle die Eier und gib sie zur Brötchen-Masse. Lasse das Ganze kurz ruhen. Gib den Spinat und den Bergkäse anschließend dazu und knete die Masse gut durch.
3. Schäle die Zwiebeln und schneide sie in Würfel. Schäle den Knoblauch und hacke ihn klein. Dünste die Zwiebeln in 80 g

Butter an, bis sie goldbraun gebraten sind. Gib den Knoblauch dazu und dünste ihn mit. Gib anschließend die Zwiebeln und den Knoblauch aus der Pfanne in die Brötchen-Masse. Lasse das Ganze 30 Minuten ruhen.

4. Überprüfe die Konsistenz des Knödelteigs. Der Teig muss sich gut formen lassen und auch in dieser Form bleiben. Sollte der Teig zu flüssig sein, dann gib ein wenig Semmelbrösel hinzu. Wenn die Knödel-Masse zu fest ist, dann gib etwas Milch hinzu.

5. Forme Knödel aus dem Teig. Erhitze Wasser mit ein wenig Salz in einem großen Topf. Das Wasser darf nicht kochen. Gib die Knödel mit einer Suppenkelle in das Wasser und warte, bis die Knödel an der Oberfläche schwimmen. Dann sind sie gar. Achte während des Garprozesses darauf, dass die Knödel nicht am Boden festbacken. Nimm die fertig gegarten Knödel vorsichtig wieder aus dem Wasser und gib sie zum Abtropfen auf Küchenpapier.

6. Reibe den Parmesan fein und zerlasse die restliche Butter in einer Pfanne. Richte die fertigen Knödel auf den Tellern an und gib die geschmolzene Butter darüber. Streue zum Abschluss den Parmesan darüber.

Variation:

- ✔ Wenn du einen weniger intensiven Käse verwenden möchtest, dann kannst du den Bergkäse durch Gouda oder Emmentaler ersetzen.

Kürbisspätzle

Minuten: 60 **Portionen: 2**

Zutaten:

- 700 g Hokkaido-Kürbis
- 4 Eier
- 300 g Mehl
- 75 ml Sprudel
- 1 Prise Chiliflocken
- 2 Stiele Salbei
- 2 TL Currypulver
- 40 g Butter
- Salz
- Pfeffer

Zubereitung:

1. Wasche den Kürbis, halbiere ihn und entferne die Kerne. Schneide den Kürbis in kleine Stücke. Koche diese für 10 Minuten in gesalzenem Wasser, bis sie gar ist. Gieße das Wasser ab und püriere die Kürbisstücke mit einem Pürierstab. Wasche den Salbei, zupfe die Blätter von den Stielen und hacke sie fein.
2. Rühre das Mehl mit Eiern und dem Sprudel in einer Schüssel zu einem Spätzleteig und rühre das Kürbispüree unter. Lasse den Teig anschließend für mindestens 15 Minuten ruhen. Würze den Teig mit Salz und Pfeffer.

3. Gib gesalzenes Wasser in einen Topf und bringe es zum Kochen. Presse den Spätzleteig durch ein Spätzlesieb oder schabe ihn. Gib dazu den Spätzleteig in einer ganz dünnen Schicht auf ein Brettchen. Streiche dann mit einem Teigschaber mit einer Bewegung von oben nach unten dünne und lange Teigportionen und schabe so die Spätzle ins kochende Wasser.
4. Sobald die Spätzle für 2 Minuten an der Oberfläche schwimmen, sind sie gar. Nimm sie mit einer Schöpfkelle heraus und lass sie gut abtropfen.
5. Zerlasse die Butter in einer Pfanne. Gib den Salbei und 2 TL Currypulver hinzu. Gib die Spätzle in die Pfanne und schwenke sie in der Butter.
6. Verteile die Spätzle auf den Tellern. Streue zum Servieren die Chiliflocken darüber.

Variation:

- ✔ Anstelle der Salbeibutter kannst du auch Parmesanbutter zubereiten und diese über die Spätzle geben. Zerlasse dafür etwas Butter in einer Pfanne und schwenke die Spätzle darin. Gib anschließend geriebenen Parmesan darüber und mische die Spätzle gut durch. Du kannst die Spätzle auch als Beilage nutzen und dazu einen Braten reichen. Inspiration dazu findest du im Kapitel „Braten“.

Knödel-Auflauf

Minuten: 60 **Portionen: 6**

Zutaten:

- 10 Serviettenknödel (TK)
- 1 Stange Lauch
- 20 g Mehl
- 100 g Gouda
- 250 g Schlagsahne
- 100 g Milch
- 1 TL Gemüsebrühepulver
- 30 g Rapsöl
- Salz
- Pfeffer

Zubereitung:

1. Gare die Knödel in kochendem Wasser nach Packungsanweisung. Heize den Backofen auf 180 °C (Umluft) vor.
2. Wasche den Lauch und entferne das Ende. Schneide ihn in feine Stücke. Erhitze das Öl in einer Pfanne und dünste den Lauch darin kurz an. Streue das Mehl darüber und lasse es kurz einziehen; rühre dabei ständig um. Lösche die Mischung mit der Milch ab und gib das Gemüsebrühepulver hinzu. Gieße anschließend die Sahne hinzu. Würze die Mischung mit Salz und Pfeffer.
3. Reibe den Käse. Schneide die gegarten Knödel in ca. 1 cm dicke Scheiben.

4. Verteile das Lauchgemüse in einer Auflaufform und gib die Knödelscheiben darauf. Bestreue den Auflauf mit dem Käse und gib ihn für 25 Minuten in den Backofen, bis er leicht braun wird.
5. Nimm den Auflauf aus dem Backofen. Verteile ihn zum Servieren auf den Tellern.

Variation:

- Du kannst den Auflauf sowohl als Hauptgericht als auch als Beilage servieren. Zu diesem Gericht passt Rotkohl oder ein vegetarischer Braten besonders gut. Inspiration zu den Braten findest du im Kapitel „Braten“.

Pressknödel mit Krautsalat

Minuten: 70 | Portionen: 4

Zutaten:

- 600 g Weißkohl
- ½ Bund Radieschen
- 2 Eier
- 100 ml Milch
- 20 g Dinkelmehl
- 20 g Buchweizenmehl
- 50 g Baguette
- 140 g Bergkäse
- 2 EL Apfelessig
- 1 EL Apfeldicksaft
- 1 TL Kümmel
- 2 Stiele Petersilie
- 1 EL Butter
- 2 EL Olivenöl
- Salz
- Pfeffer

Zubereitung:

1. Wasche den Weißkohl und entferne den Strunk. Schneide den Kohl anschließend in feine Streifen. Vermische den Kohl mit ¼ TL Salz, dem Essig und Öl in einer Schüssel und verknete die Mischung für 5 Minuten. Lasse anschließend den entstandenen Krautsalat für 15 Minuten ziehen.

2. Schneide das Baguette in Würfel und gib diese in eine Schüssel. Schneide den Käse in kleine Würfel und gib sie zu dem Brot. Wasche die Petersilie und zupfe die Blätter ab. Hacke die Blätter fein.

3. Verquirle die Milch mit den Eiern in einer großen Schüssel. Gib die Mischung mit dem Dinkel- und Buchweizenmehl sowie der Hälfte der Petersilie unter die Brotwürfel, salze und pfeffere anschließend alles. Verknete alle Zutaten zu einem Teig und lasse diesen für 15 Minuten ziehen.

4. Wasche die Radieschen und schneide sie in feine Scheiben. Gib die Radieschen und die restliche Petersilie unter den Krautsalat. Schmecke den Salat mit Salz, Pfeffer und Kümmel ab.

5. Forme den Teig zu 8 Knödeln. Erhitze die Butter in einer Pfanne und brate die Knödel darin von jeder Seite 4 Minuten an. Sobald die Knödel goldbraun gebacken sind, kannst du sie servieren.

6. Gib den Krautsalat auf die Teller und richte zum Servieren die Knödel darauf an.

Variation:

- ✔ Anstelle des Krautsalats kannst du auch Rotkohl als Beilage verwenden. Auch Rosenkohl oder Wirsing eignen sich bei dem Gericht als Beilage.

Käsespätzle

Minuten: 35

Portionen: 4

Zutaten:

- 3 Eier
- 300 g Mehl
- 300 g Bergkäse
- 1 EL Butter
- 1 Bund Schnittlauch
- Salz
- Pfeffer

Zubereitung:

1. Gib das Mehl in eine Schüssel. Drücke mit einem Löffel eine Vertiefung in die Mitte und gib die Eier hinein. Füge 130 ml Wasser und 1 TL Salz hinzu. Vermische die Zutaten mit den Knethaken des Rührgeräts oder den Händen, bis sich ein zähflüssiger Teig vom Rand lösen lässt. Lasse den Teig im Anschluss für 30 Minuten ruhen.
2. Bringe Wasser zum Kochen und gib etwas Salz hinzu. Lasse zum Herstellen der Spätzle den Teig mit einem Hobel ins Wasser gleiten oder nutze eine Spätzlepresse. Alternativ kannst du die Spätzle auch schaben. Gib dazu den Spätzleteig in einer ganz dünnen Schicht auf ein Brettchen. Steche dann mit einem Teigschaber mit eine Bewegung von oben nach unten dünne und

lange Teigportionen und schabe so die Spätzle ins kochende Wasser.

3. Sobald die Spätzle an der Oberfläche schwimmen, sind sie fertig. Schöpfe die Spätzle ab und lasse sie abtropfen.
4. Reibe den Bergkäse fein. Wasche den Schnittlauch und schneide ihn in feine Ringe. Zerlasse die Butter in einer Pfanne und gib die Spätzle hinzu. Mische den Bergkäse unter. Gib die Hälfte des Schnittlauchs hinzu und rühre alles gut durch.
5. Verteile die Spätzle zum Servieren auf den Tellern. Streue den restlichen Schnittlauch beim Servieren über die Spätzle.

Variation:

- ✔ Das Gericht kannst du noch um Röstzwiebeln ergänzen. Schneide dafür eine Zwiebel in Ringe und dünste sie in reichlich Butter an. Gib 1 EL Mehl über die Zwiebeln und brate sie an, bis sie leicht kross werden. Gib sie mit dem Schnittlauch zum Schluss über die Spätzle. Wenn dir der Geschmack von Bergkäse zu stark ist, kannst du den Käse durch eine mildere Variante wie beispielsweise Gouda austauschen.

Breznknödel mit Rahm-Champignons

Minuten: 50

Portionen: 6

Zutaten:

- 8 Brezeln (alte)
- 3 Eier
- 500 g Champignons
- 2 Zwiebeln
- 50 ml Milch
- 250 g Sahne
- 2 EL Mehl
- 1 TL Gemüsebrühepulver
- 1 Päckchen Instant-Rahmsoße
- 1 Bund Petersilie
- 1 EL Butter
- Salz
- Pfeffer

Zubereitung:

1. Schneide die alten Brezeln in kleine Stücke und gib sie in eine Schüssel. Die alten Brezeln eignen sich besser als frische, da sie sich schneller mit Flüssigkeit vollsaugen. Schlage die Eier darüber auf, verrühre die Eier mit den Brezelstücken und würze die Mischung mit Salz.

2. Wasche die Petersilie, zupfe die Blätter ab und hacke sie fein. Hebe die Hälfte davon anschließend unter die Brezelmischung. Gib Milch und Mehl hinzu, bis der entstandene Teig nicht mehr zu klebrig ist.

3. Feuchte deine Hände unter kaltem Wasser an und forme aus der Brezel-Masse Knödel. Gib sie vorsichtig in kochendes gesalzenes Wasser, nutze dafür eine Kelle. Sobald alle Knödel im Wasser sind, schalte die Temperatur zurück, sodass das Wasser nur noch siedet. Lasse die Knödel für 25 Minuten im Kochtopf. Passe während des Kochprozesses darauf auf, dass kein Knödel am Boden klebt.

4. Schäle die Zwiebeln und schneide sie in Würfel. Putze die Champignons und schneide sie in Scheiben. Erhitze die Butter in einer Pfanne und dünste die Zwiebeln darin glasig. Gib die Pilze ebenfalls hinzu.

5. Sobald beide Zutaten angebraten sind, gib die Sahne hinzu. Rühre anschließend die Rahmsoße unter. Würze die Soße mit Salz, Pfeffer und dem Gemüsebrühepulver. Lasse die Rahm-Champignons für ca. 10 Minuten in der Soße köcheln. Gib zum Schluss den Rest der Petersilie hinzu.

6. Verteile die Knödel auf den Tellern und gib zum Servieren die Champignon-Rahmsoße über die Knödel.

Variation:

- ✔ Das Aufwendige an diesem Rezept ist die Herstellung der Knödel. Um das Gericht schneller zuzubereiten, verwende fertige tiefgekühlte Knödel. Um das Gericht festlicher zu gestalten, kannst du neben den Champignons auch Steinpilze und Pfifferlinge verwenden.

Kürbisknödel

Minuten: 120 — Portionen: 4

Zutaten:

- 1 Hokkaido-Kürbis
- 4 Brötchen (alte)
- 50 g Kürbiskerne
- 170 ml Milch
- 2 Eier
- 2 EL Mehl
- 50 g Mozzarella (gerieben)
- 1 TL Muskatnuss
- 1 TL Ingwerpulver
- 2 Stiele Salbei
- ½ TL Zimt
- 4 TL Butter
- 1 TL Rapsöl
- Salz
- Pfeffer

Zubereitung:

1. Heize den Backofen auf 180 °C (Ober-/Unterhitze) vor. Wasche den Kürbis und halbiere ihn. Entferne die Kerne mit einem Löffel. Bestreiche den Kürbis mit Öl und stich ihn mehrfach mit einer Gabel ein. Gib die Hälften mit der Schnittkante nach oben für ca. 30 Minuten in den Backofen, bis er gar ist.

2. Nimm den fertigen Kürbis aus dem Backofen und lasse ihn für kurze Zeit abkühlen. Schneide ihn dann in kleine Würfel. Schneide die alten Brötchen in kleine Würfel und gib sie in eine große Schüssel. Die alten Brötchen eignen sich besser als frische, da sie sich schneller mit Flüssigkeit vollsaugen. Wärme die Milch auf und gib sie zu den Brotwürfeln. Füge die Kürbiswürfel ebenfalls hinzu. Vermenge alles miteinander und lasse die Masse für 30 Minuten ziehen.

3. Gib anschließend die Eier, das Mehl, Muskatnuss, Ingwerpulver, Zimt, Mozzarella, Salz und Pfeffer hinzu. Vermenge die Masse mit den Händen. Dabei sollte die Masse nicht breiig werden. Lasse den Teig erneut für 15 Minuten ruhen.

4. Bringe gesalzenes Wasser in einem Topf zum Kochen und reduziere die Hitze anschließend, sodass das Wasser siedet. Forme die Knödel mit angefeuchteten Händen. Gib sie anschließend mit einer Suppenkelle in das siedende Wasser. Achte darauf, dass die Knödel nicht am Topfboden anbacken. Lasse die Knödel für ca. 20 Minuten köcheln, bis sie gar sind.

5. Entnimm die Knödel und lasse sie kurz abtropfen. Wasche den Salbei und zupfe die Blätter ab. Erhitze die Butter in einer Pfanne und gib die Salbeiblätter hinzu. Gib die Knödel in die Pfanne und lasse sie in der Salbeibutter von alles Seiten anbraten.

6. Hacke die Walnüsse in grobe Stücke. Brate die Stücke in einer Pfanne ohne Fett an.

7. Nimm die Knödel aus der Pfanne und richte sie auf den Tellern an. Gib zum Servieren die Walnüsse über die Knödel.

Variation:

- ✔ Als Beilage zu den Knödeln kannst du Krautsalat oder Rotkohl servieren. Das macht das Gericht noch weihnachtlicher.

Rote-Bete-Knödel

Minuten: 60 **Portionen: 4**

Zutaten:

- 250 g Rote Bete
- 1 rote Zwiebel
- 1 Biozitrone
- 2 Eier
- 200 g Weißbrot (altes)
- 150 ml Milch
- 3 Lorbeerblätter
- 1 TL Meerrettich (gerieben)
- 1 Prise Muskatnuss
- 1 Bund Schnittlauch
- 4 EL Butter
- 2 EL Rapsöl
- Salz
- Pfeffer

Zubereitung:

1. Heize deinen Backofen auf 180 °C (Ober-/Unterhitze) vor. Schäle die Rote Bete. Ziehe dafür entweder Einweghandschuhe an oder reibe dir die Hände mit Öl ein. Dadurch vermeidest du, dass sich deine Hände stark rot färben. Reibe die Rote Bete mit dem Rapsöl ein und lege sie in eine ofenfeste Form. Wasche die Lorbeerblätter und gib sie ebenfalls in die Form. Bestreue die Rote Bete mit Salz und Pfeffer. Gib die Rote Bete für ca. 45 Minuten in den Backofen und lasse sie dort gar werden.

2. Schneide das alte Brot in Würfel und erwärme die Milch. Das alte Brot eignet sich besser als frisches, da es sich schneller mit Flüssigkeit vollsaugt. Gib die Milch mit dem Brot in eine Schüssel, vermenge die Zutaten und lasse die Mischung für 30 Minuten ziehen.

3. Nimm die Rote Bete aus dem Backofen und schneide sie in kleine Würfel. Stelle sie für kurze Zeit beiseite. Schäle die Zwiebeln und schneide sie in feine Würfel. Wasche den Schnittlauch und schneide ihn in feine Ringe.

4. Gib die Eier mit den Rote-Bete-Würfeln und dem Meerrettich zu den eingeweichten Brotwürfeln. Würze alles mit Salz, Pfeffer und Muskatnuss. Wasche die Zitrone unter heißem Wasser und reibe die Schale ab. Gib den Abrieb ebenfalls unter die Brotwürfel. Hebe zum Schluss den Schnittlauch unter.

5. Forme aus der Masse kleine Knödel. Feuchte dafür am besten deine Hände an. Erhitze gesalzenes Wasser in einem Kochtopf und bringe das Wasser zum Sieden. Gib die Knödel vorsichtig mit einer Kelle in das gesalzene Wasser und lasse sie darin für 20 Minuten garen. Achte darauf, dass die Knödel nicht am Topfboden anbacken. Lasse sie anschließend abtropfen.

6. Erhitze die Butter in einer Pfanne und gib die Knödel hinein. Schwenke sie in der zerlassenen Butter.

7. Verteile die Knödel zum Servieren auf den Tellern und gib den Rest der Butter aus der Pfanne über die Knödel.

Variation:

- ✔ Die Knödel kannst du nicht nur als Hauptgericht, sondern auch als Beilage servieren. Sie passen besonders gut zu einem weihnachtlichen vegetarischen Braten. Inspiration dazu findest du in dem Kapitel „Braten“.

Reisgerichte

Wirsing-Risotto

Minuten: 45 **Portionen: 4**

Zutaten:

- 300 g Wirsing
- 1 Zwiebeln
- 1 Knoblauchzehe
- 400 g Risottoreis
- 30 g Parmesan
- 130 ml Weißwein
- 250 ml Gemüsebrühe
- 1 EL Sahne
- 3 Stiele Petersilie
- 40 g Butter
- Salz
- Pfeffer

Zubereitung:

1. Halbiere den Wirsing und schneide den harten Strunk heraus. Entferne die äußeren Blätter und schneide die restlichen Blätter in kleine Stücke. Wasche den Wirsing in einem Sieb. Schäle die Zwiebeln und den Knoblauch und schneide beides in kleine Stücke.
2. Gib den Wirsing für 5 Minuten in kochendes gesalzenes Wasser. Schrecke ihn danach ab und lasse ihn abtropfen.

3. Zerlasse die Butter in einem Topf und brate darin die Zwiebeln und den Knoblauch an. Gib den Risottoreis hinzu, sobald die Zwiebeln glasig sind. Verrühre den Risottoreis, bis auch dieser glasig ist. Lösche die Mischung mit dem Weißwein ab und lasse den Wein einkochen. Rühre den Wirsing unter. Gieße die Mischung im Topf mit etwas Gemüsebrühe an, sodass sie gerade mit Flüssigkeit bedeckt ist. Rühre immer wieder um. Sobald die Flüssigkeit eingezogen ist, gieße neue nach. Immer nur so viel, bis der Reis bedeckt ist. Nach 15-18 Minuten sollte der Risottoreis gar sein und die Flüssigkeit aufgebraucht.

4. Reibe den Parmesan. Schlage die Sahne in einer Schüssel steif und wasche die Petersilie. Zupfe die Blätter ab und hacke sie klein.

5. Gib einen Teil des Parmesans, die Sahne und die Petersilie unter das Risotto. Richte es auf Tellern an und bestreue es mit dem restlichen Parmesan.

Variation:

- ✔ Um den Geschmack etwas italienischer zu gestalten, kannst du die Petersilie durch Basilikum ersetzen. Anstelle des Wirsings kannst du auch Spitzkohl verwenden.

Grießküchlein mit Pilzen

Minuten: 55 **Portionen: 4**

Zutaten:

- 300 g Champignons
- 2 Frühlingszwiebeln
- 100 g Grieß
- 2 Eier
- 50 g Parmesan
- 500 ml Milch
- 100 ml Gemüsebrühe
- 1 Prise Kurkuma
- 3 EL Butter
- Salz
- Pfeffer

Zubereitung:

1. Koche die Milch mit 1 TL Salz in einem Topf auf und schütte den Grieß dazu. Rühre die Masse für ca. 5 Minuten, bis ein dicker Brei entsteht. Lasse diesen anschließend erkalten.
2. Heize den Backofen auf 180 °C (Ober-/Unterhitze) vor. Fette vier Portionsförmchen ein (am besten Sevierringe oder andere runde Förmchen).
3. Wasche die Petersilie und zupfe die Blätter ab. Hacke diese fein. Reibe den Parmesan. Trenne die Eier und schlage die Eigelbe

mit einem Schneebesen in einer Schüssel auf. Gib die Hälfte der Petersilie und des Parmesans in die Schüssel und rühre die Mischung unter den kalten Grieß.

4. Schlage die Eiweiße mit einer Prise Salz steif. Hebe sie anschließend unter die Grieß-Masse. Fülle die Masse in die Förmchen und stelle sie auf ein tiefes Backblech. Gieße Wasser auf das Backblech, sodass ca. ⅓ der Förmchen von außen bedeckt ist.

5. Schiebe die Förmchen in den Backofen und lasse sie für ca. 30 Minuten dort, bis sie goldbraun gebacken sind.

6. Putze die Champignons und schneide sie in Scheiben. Wasche die Frühlingszwiebeln, entferne die Enden und schneide sie ebenfalls klein. Erhitze die restliche Butter in der Pfanne und dünste das Gemüse darin an. Gieße die Gemüsebrühe hinzu und schmecke die Mischung mit der restlichen Petersilie, dem Kurkuma, Salz und Pfeffer ab.

7. Nimm die fertigen Küchlein aus dem Backofen und stürze sie aus den Formen. Richte sie auf einem Teller an und verteile die Champignonsoße zum Servieren darüber.

Variation:

- ✔ Um das Gericht festlicher zu gestalten, kannst du neben den Champignons Steinpilze und Pfifferlinge verwenden.

Risotto mit Birne und Walnüssen

Minuten: 35 **Portionen: 2**

Zutaten:

- 2 Schalotten
- 1 Birne (reif)
- 100 g Gorgonzola
- 150 g Risottoreis
- 30 g Walnüsse
- 50 ml Weißwein
- 500 ml Gemüsebrühe
- 2 Stiele Petersilie
- 1 EL Butter
- 1 EL Olivenöl
- Salz
- Pfeffer

Zubereitung:

1. Schäle die Schalotten und schneide sie in kleine Würfel. Erhitze die Butter in einem Topf und brate die Schalottenwürfel darin kurz an, bis sie glasig sind. Gib den Reis hinzu und rühre ihn durch, bis alle Körner mit dem Fett überzogen sind.
2. Erhitze die Gemüsebrühe in einem Topf. Lösche anschließend den Reis mit Weißwein ab. Gieße die Gemüsebrühe hinzu, bis der Reis mit Flüssigkeit bedeckt ist. Rühre immer wieder um, da sonst der Reis am Topfboden kleben bleibt. Sobald die Flüssigkeit eingezogen ist, gießt du neue hinzu – immer so viel, bis der

Reis bedeckt ist. Wiederhole dies solange, bis die Flüssigkeit aufgebraucht ist. Das sollte ungefähr 20 Minuten dauern, dann ist der Reis gar.

3. Wasche die Birne, schneide die Kerne heraus und schneide die Birne dann in kleine Würfel. Schneide den Gorgonzola ebenfalls klein. Hacke die Walnüsse. Wasche die Petersilie, zupfe die Blätter ab und hacke sie fein.

4. Gib die Birnenstücke, die Walnüsse, den Gorgonzola und die Petersilie 5 Minuten vor dem Ende der Garzeit zu dem Risottoreis.

5. Lasse es vor dem Servieren für einige Minuten mit geschlossenem Deckel stehen. Dadurch können die Zutaten einziehen und der Geschmack wird intensiver. Schmecke das Risotto mit Salz und Pfeffer ab und richte es auf den Tellern an.

Variation:

Als Variation kannst du anstelle der Birne auch Zwetschgen verwenden. Um die Walnüsse auszutauschen, kannst du andere Nüsse verwenden oder zu einem Nuss-Mix greifen. Achte darauf, dass die Nüsse nicht zusätzlich gesalzen sind.

Gefüllte Orient-Paprika

Minuten: 45 **Portionen: 4**

Zutaten:

- 6 Paprika
- 80 g Erbsen (TK)
- 100 g gehackte Tomaten (Dose)
- 250 g passierte Tomaten
- 150 g Couscous
- 60 g Aprikosen (getrocknet)
- 50 g Rosinen
- 100 g Feta
- 50 g Walnüsse
- 300 ml Gemüsebrühe
- 1 EL heller Balsamico
- 1 TL Ras el Hanout
- 2 Stiele Minze
- 2 Stiele Koriander
- Salz
- Pfeffer

Zubereitung:

1. Heize deinen Backofen auf 175 °C (Umluft) vor. Schneide die Aprikosen klein und mische sie mit den Rosinen, dem Couscous und Ras el Hanout in einer Schüssel. Bringe die Gemüsebrühe zum Kochen und gib sie über die Couscous-Mischung. Lasse die Mischung für 5 Minuten quellen.

2. Gare die Erbsen in kochendem Wasser für 5 Minuten und gieße sie anschließend ab. Hacke die Walnüsse grob. Wasche die Minze und den Koriander, zupfe die Blätter von den Stielen und hacke sie fein. Mische die Kräuter in einer Schüssel unter die gehackten Tomaten und schmecke die Mischung mit Salz, Pfeffer und Balsamico ab.
3. Wasche die Paprika. Schneide das obere Stück mit Stiel ab und entferne die Kerne. Mische den Couscous mit den Erbsen und ⅔ der Walnüsse. Würze das Ganze nach Geschmack mit Salz und Pfeffer. Fülle die Couscous-Mischung in die Paprika und verteile die gehackten Tomaten über der Mischung auf den Paprika.
4. Würze die passierten Tomaten mit Salz und Pfeffer. Gib diese Tomatensoße in eine Auflaufform. Verteile die gefüllten Paprika darauf. Zerbrösle den Feta in deinen Händen und verteile ihn auf den Paprika. Gib die Form für 20 Minuten in den Backofen.
5. Verteile die gefüllten Paprika auf den Tellern und bestreue sie zum Servieren mit den restlichen gehackten Tomaten.

Variation:

- ✔ Die Paprika kannst du durch Zucchini oder Aubergine ersetzen. Die restliche Zubereitung und die Backzeit bleiben identisch. Anstelle der getrockneten Aprikosen kannst du auch Datteln oder Cranberrys verwenden.

Honig-Senf-Gemüse

Minuten: 35 **Portionen: 4**

Zutaten:

- 1 Stange Lauch
- 3 Paprika
- 2 Zucchini
- 300 g Basmatireis
- 1 EL Honig (flüssig)
- 200 g Sahne
- 2 EL Senf
- 1 TL Gemüsebrühepulver
- 2 EL Rapsöl
- Salz
- Pfeffer

Zubereitung:

1. Wasche den Lauch und schneide ihn in feine Scheiben. Wasche die Paprika, entkerne sie und schneide die Paprika in Stücke. Wasche die Zucchini und schneide sie in Stücke.
2. Erhitze 450 ml Wasser in einem Topf und gare den Reis darin. Salze das Wasser und würze es mit dem Gemüsebrühepulver.
3. Erhitze das Öl in einer Pfanne und brate den Lauch darin an. Gib die Paprika- und die Zucchinistücke hinzu. Würze alles mit Salz und Pfeffer.

4. Gib die Sahne mit dem Honig und Senf in die Pfanne und vermische alles miteinander. Vermische den Reis mit dem Gemüse, sobald er fertig gegart ist.
5. Würze zum Schluss noch einmal alles mit Salz und Pfeffer. Verteile den Reis zum Anrichten auf den Tellern.

Variation:

- Anstelle von Reis kannst du auch Couscous oder Bulgur verwenden. Ergänze zu dem Gericht ein wenig Kardamom, wenn du es weihnachtlicher haben möchtest.

Maronen-Risotto mit Granatapfel

Minuten: 30

Portionen: 4

Zutaten:

- 100 g Maronen (gegart)
- 1 Schalotte
- 1 Knoblauchzehe
- 1 Granatapfel
- 300 g Risottoreis
- 80 ml Weißwein
- 70 g Parmesan
- 900 ml Gemüsebrühe
- 3 Stiele Petersilie
- 100 ml Olivenöl
- 50 g Butter
- Salz
- Pfeffer

Zubereitung:

1. Schäle die Schalotte und den Knoblauch und hacke beides fein. Erhitze das Olivenöl in einem Topf und dünste die Schalotten und den Knoblauch darin glasig. Erhitze parallel die Gemüsebrühe.

2. Gib den Risottoreis in den Topf und verrühre ihn, bis er von dem Fett umhüllt ist. Lösche danach den Reis mit dem Weißwein ab. Gieße etwas Gemüsebrühe an, bis der Reis damit bedeckt ist. Rühre um bis die Flüssigkeit eingezogen ist. Gieße dann wieder Gemüsebrühe nach und wiederhole diesen Vorgang solange, bis die Flüssigkeit aufgebraucht ist. Nach 20 Minuten sollte der Reis gar sein.

3. Reibe den Parmesan. Hacke die Maronen. Gib ⅔ des Parmesans zusammen mit der Butter in Stückchen unter das fertige Risotto. Hebe die Maronen ebenfalls unter.

4. Lasse es mit geschlossenem Deckel für ein paar Minuten stehen, damit die Zutaten gut einziehen können. Schmecke das Risotto mit Salz und Pfeffer ab.

5. Wasche die Petersilie und entferne die Blätter vom Stiel. Hacke die Blätter fein. Schneide den Granatapfel auf und löse die Kerne heraus.

6. Verteile das Risotto auf den Tellern. Gib die Granatapfelkerne sowie den Parmesan und die Petersilie darüber.

Variation:

- ✔ Anstelle der frischen Granatapfelkerne kannst du auch getrocknete Granatapfelkerne verwenden. Ersetzen kannst du sie auch durch Cranberrys oder getrocknete Aprikosen.

Kürbis-Risotto

Minuten: 60 **Portionen: 2**

Zutaten:

- ½ Hokkaido-Kürbis
- 1 Schalotte
- 2 Knoblauchzehen
- 150 g Risottoreis
- 30 g Parmesan
- 20 g Kürbiskerne
- 1 Prise Muskat
- 1 EL Butter
- 2 TL Kürbiskernöl
- 2 EL Olivenöl
- Salz
- Pfeffer

Zubereitung:

1. Heize den Backofen auf 180 °C (Umluft) vor. Wasche den Hokkaido-Kürbis und entferne die Kerne. Schneide den Kürbis in 2 cm dicke Spalten. Lege die Spalten auf ein Backblech und würze sie mit Salz und Pfeffer. Lasse sie für 30 Minuten im Backofen gar werden.
2. Schäle die Schalotten und den Knoblauch und schneide beides in kleine Würfel. Erhitze 1 EL Öl in einem Topf und schwitz darin die Zwiebeln und den Knoblauch an. Füge den Risottoreis hinzu und rühre den Reis um, bis er mit dem Öl bedeckt ist.

3. Fülle 500 ml Wasser in einen neuen Topf und erhitze es. Gib das Wasser ins Risotto, bis der Reis bedeckt ist. Lasse den Reis unter Rühren aufkochen, bis das Wasser eingekocht ist. Fülle dann neues Wasser nach und wiederhole diesen Vorgang so häufig, bis das Wasser verbraucht ist.

4. Nimm die Kürbisspalten aus dem Backofen und püriere ⅔ mit einem Mixer oder einem Pürierstab in einer Schüssel. Damit sich der Kürbis leichter mixen lässt, kannst du auch 100 ml Wasser hinzugeben. Schneide die restlichen Kürbisspalten in Würfel. Reibe den Parmesan fein.

5. Rühre das Kürbispüree unter das fertige Risotto. Gib die Butter und ⅔ des Parmesans hinzu. Schmecke das Risotto mit Salz und Pfeffer ab. Hebe zuletzt die Kürbiswürfel unter.

6. Verteile das Risotto auf die Teller. Gib den Parmesan auf das Risotto und träufle das Kürbiskernöl darüber.

Variation:

- ✔ Um den Geschmack zu verfeinern, kannst du etwas Weißwein in das Risotto geben. Nimm dazu etwas weniger Wasser und ersetze es durch den Weißwein.

Pfannengerichte

Blumenkohl im Nussmantel

Minuten: 30 **Portionen: 2**

Zutaten:

- 300 g Blumenkohl
- 100 g Haselnüsse
- 1 TL Gemüsebrühepulver
- 1 Ei
- 6 EL Sonnenblumenöl
- Salz
- Pfeffer

Zubereitung:

1. Wasche den Blumenkohl und schneide ihn in kleine Röschen. Bringe 1 L Wasser zum Kochen und gib das Gemüsebrühepulver hinzu. Koche den Blumenkohl darin für ca. 8 Minuten, bis er bissfest ist.
2. Verquirle das Ei mit ein wenig Salz und Pfeffer in einer großen Schüssel. Zermahle die Haselnusskerne in einem Mixer.
3. Nimm den Blumenkohl aus dem Kochwasser und lasse ihn abtropfen. Schwenke den Blumenkohl anschließend in der Ei-Masse. Gib die Haselnüsse in eine große Schüssel und schwenke die Blumenkohlröschen ebenfalls in den Haselnüssen.

4. Erhitze das Öl in einer hohen Pfanne. Achte darauf, dass es nicht zu heiß ist. Brate den Blumenkohl im Nussmantel darin von allen Seiten an. Gib ihn vor dem Servieren auf Küchenpapier, damit das überschüssige Fett abtropfen kann.

Variation:

- ✔ Anstelle des Blumenkohls kannst du auch andere Gemüsesorten verwenden. Kohlrabi oder Brokkoli eignen sich dazu beispielsweise gut. Anstelle der Haselnüsse kannst du auch andere Nüsse verwenden, zum Beispiel Mandeln oder Walnüsse. Zu dem Blumenkohl kannst du beispielsweise einen vegetarischen Braten reichen. Inspiration dazu findest du im Kapitel „Braten“.

Feta-Schnitzel mit Rotkohl

Minuten: 30 **Portionen: 4**

Zutaten:

- 400 g Feta
- 400 g Rotkohl
- 1 Knoblauchzehe
- 1 Apfel
- 1 EL Dinkelmehl
- 1 Ei
- 1 EL Kapern (eingelegt)
- 1 EL Orangensaft
- 6 EL helle Sesamsamen
- 1 EL Sesamöl
- 1 TL Honig (flüssig)
- 3 Stiele Petersilie
- 3 Stiele Basilikum
- 1 Stiel Dill
- ½ TL Kümmel
- 1 Prise Zimt
- 3 EL Olivenöl
- Salz
- Pfeffer

Zubereitung:

1. Lasse die Kapern abtropfen und hacke sie anschließend klein. Schäle den Knoblauch und hacke diesen ebenfalls klein. Wasche die Petersilie, das Basilikum und den Dill. Zupfe jeweils die Blätter ab und hacke sie fein. Vermenge die Kapern mit dem Knob-

lauch, den Kräutern, dem Orangensaft und 2 EL Olivenöl in einer Schüssel. Würze die entstandene Salsa mit Salz und Pfeffer und stelle sie beiseite.

2. Entferne den Strunk des Rotkohls und schneide ihn in feine Streifen. Wasche ihn und lasse ihn kurz abtropfen. Vermische den Rotkohl in einer Schüssel mit dem Kümmel, dem Honig, ein wenig Zimt und dem restlichen Olivenöl. Reibe alles in den Rotkohl ein und stelle auch diesen beiseite.

3. Schneide den Feta in größere Dreiecke. Gib das Mehl in einen tiefen Teller. Schlage das Ei ebenfalls in einem tiefen Teller auf und verquirle es mit Salz und Pfeffer. Gib die Sesamsamen in einen weiteren Teller. Schwenke den Feta zuerst im Mehl, dann im Ei und abschließend in den Sesamsamen.

4. Erhitze das Sesamöl in einer Pfanne und brate die Fetastücke darin für ca. 5 Minuten rundherum an.

5. Wasche die Äpfel, entkerne sie und schneide sie in feine Spalten.

6. Verteile den Rotkohlsalat auf den Tellern, richte den Feta darauf an und gib die Apfelspalten darüber. Beträufle zum Servieren alles mit dem Kapern-Salsa.

Variation:

- ✔ Wenn du keinen Rotkohl magst, kannst du die Feta-Schnitzel auch mit anderen Beilagen servieren. Hier eignet sich Kartoffelpüree oder Rosenkohl.

Pilzfrikadellen

Minuten: 30 **Portionen: 4**

Zutaten:

- 500 g Champignons
- 2 Schalotten
- 1 Knoblauchzehe
- 1 Ei
- 1 Brötchen
- ½ TL Majoran
- 30 g Semmelbrösel
- 2 EL Rapsöl
- 4 EL Olivenöl
- Salz

Zubereitung:

1. Putze die Champignons und hacke sie anschließend klein. Schäle die Schalotten und zerkleinere sie. Gib das Rapsöl in eine Pfanne und dünste die Schalotten darin, bis sie glasig sind. Füge dann auch die Champignons hinzu und brate alles für 5 Minuten an. Nimm die Pfanne anschließend vom Herd.
2. Lasse das Brötchen in Wasser einweichen und drücke es anschließend gut aus. Gib es in eine Schüssel. Schäle die Knoblauchzehe und presse sie mit Hilfe einer Knoblauchpresse über dem Brötchen aus. Füge die Champignonwürfel mit den Schalotten und 1 Ei hinzu. Verknete alle Zutaten und würze anschließend mit Salz, Pfeffer und Majoran.

3. Forme aus der Masse kleine Frikadellen. Gib die Semmelbrösel in einen tiefen Teller und wälze die Frikadellen darin.

4. Erhitze das Olivenöl in einer tiefen Pfanne und backe die Frikadellen darin aus, bis sie goldbraun gebacken sind.

5. Nimm die Pilzfrikadellen aus der Pfanne und lasse das überschüssige Fett kurz abtropfen. Setze die Frikadellen dafür auf ein Küchenpapier. Verteile sie anschließend zum Servieren auf den Tellern.

Variation:

- ✔ Zu diesem Gericht kannst du als Beilage Wirsinggemüse oder auch Rosenkohl reichen. Als Soße dazu eignet sich eine Mehlschwitze. Koche das Gemüse dafür, bis es bissfest ist und brate es anschließend mit ausreichend Butter an. Gib je nach Menge 1 bis 2 EL Mehl über das Gemüse, lasse das Mehl durch Umrühren kurz einziehen und lösche anschließend alles mit Gemüsebrühe ab. Lasse die Masse unter Rühren erneut aufkochen, bis die Soße andickt. Anschließend kannst du das Gemüse mit den Frikadellen auf den Tellern anrichten. Um das Gericht festlicher zu machen, kannst du gehackte Walnüsse über das Gemüse geben.

Kürbis-Ratatouille

Minuten: 40 **Portionen: 4**

Zutaten:

- ½ Hokkaido-Kürbis
- 2 Paprika
- 3 Schalotten
- 400 g Kirschtomaten (Dose)
- 4 EL Balsamessig
- 1 Prise Zucker
- 1 Sternanis
- 2 Stiele Thymian
- 2 Stiele Oregano
- 2 EL Rapsöl
- Salz
- Pfeffer

Zubereitung:

1. Wasche den Kürbis und die Paprika. Entferne die Kerne des Kürbisses mit einem Löffel und schneide ihn in kleine Stücke. Entkerne die Paprika und schneide sie ebenfalls in kleine Stücke. Schäle die Schalotten und schneide sie in kleine Würfel.
2. Erhitze Öl in einer großen Pfanne und brate die Schalotten darin für ca. 1 Minute an. Gib danach den Kürbis und die Paprika hinzu. Brate alles für 5 Minuten an und rühre dabei immer wieder um.

3. Lösche alles mit Essig ab, gib danach die Kirschtomaten, 100 ml Wasser und das Sternanis hinzu. Lasse die Masse aufkochen und würze mit Salz, Pfeffer und Zucker. Gib den Deckel auf die Pfanne und lasse die entstandene Ratatouille für 15 Minuten köcheln.
4. Wasche den Thymian und Oregano, entferne die Blätter von den Stielen und hacke die Blätter klein. Rühre die Kräuter unter die Ratatouille.
5. Schmecke alles vor dem Servieren mit Salz und Pfeffer ab, entferne außerdem das Sternanis. Verteile die Ratatouille anschließend auf den Tellern.

Variation:

- ✔ Die Gemüsesorten in dieser Ratatouille kannst du ersetzen oder erweitern. Um das Gericht weihnachtlicher zu gestalten und ein wenig Süße hinzuzufügen, kannst du Rote Bete verwenden. Außerhalb der Kürbissaison kannst du auch zu Süßkartoffeln greifen.

Süßkartoffel Cordon bleu

Minuten: 60 — Portionen: 2

Zutaten:

- 300 g Süßkartoffeln
- 800 g Rosenkohl
- 150 g Bergkäse
- 150 g Dinkel-Flakes
- 1 Ei
- 2 EL Milch
- 300 ml Gemüsebrühe
- 4 EL Dinkel-Vollkornmehl
- 1 EL Rohrzucker
- ½ TL Paprikapulver
- 4 EL Butter
- Salz
- Pfeffer

Zubereitung:

1. Schäle die Süßkartoffeln und schneide sie in ca. 2 cm dicke Scheiben. Gib sie anschließend für 4 Minuten in kochendes gesalzenes Wasser. Lasse sie danach abtropfen und abkühlen.
2. Reibe den Käse grob. Gib die Dinkel-Flakes in eine breite Schüssel und zerbrösle sie leicht. Mische sie mit Paprikapulver, Salz und Pfeffer.
3. Verquirle das Ei mit der Milch in einer anderen breiten Schale. Gib das Mehl in eine dritte Schale.

4. Entferne die äußeren Blätter des Rosenkohls und wasche ihn. Halbiere die Röschen und brate sie in einer Pfanne mit 2 EL Butter für 5 Minuten an. Bestreue den Rosenkohl anschließend mit Zucker und lasse den Zucker in der Pfanne für kurze Zeit karamellisieren. Lösche anschließend den Rosenkohl mit der Gemüsebrühe ab. Lasse das Ganze für 12 Minuten bei geringer Hitze köcheln. So kann die Gemüsebrühe einkochen.

5. Schneide die abgekühlten Süßkartoffelscheiben mit einem Messer an der langen und schmalen Seite ein, sodass eine Art Tasche entsteht. Gib den geriebenen Käse dort hinein.

6. Gib die gefüllten Süßkartoffelscheiben zuerst in das Mehl und bedecke sie rundherum damit. Schwenke sie danach in der Ei-Masse und paniere sie anschließend mit den Flakes.

7. Gib die restliche Butter in eine Pfanne und brate die in Schritt 6 entstandenen Süßkartoffel-Cordon bleus darin von beiden Seiten 5 Minuten an.

8. Nimm die Süßkartoffel-Cordon bleus aus der Pfanne und gib sie auf die Teller. Richte den Rosenkohl ebenfalls auf den Tellern an und streue die Haselnüsse darüber.

Variation:

- ✔ Du kannst die Schnitzel auch mit anderen Käsesorten wie Gorgonzola oder Feta füllen. Das macht das Gericht um einiges würziger. Um das Gericht festlicher zu machen, kannst du Haselnüsse grob hacken und sie zum Servieren über den Rosenkohl geben.

Pilz-Maronen-Ragout

Minuten: 30 **Portionen: 2**

Zutaten:

- 250 g braune Champignons
- 200 g Maronen (vorgegart)
- 1 rote Zwiebel
- 1 Knoblauchzehe
- 2 Möhren
- 150 g Minutenpolenta
- 2 EL Mehl
- 2 EL brauner Zucker
- 120 ml Rotwein
- 300 ml Gemüsebrühe
- 3 EL Sojasoße
- 1 EL Senf
- 30 g Parmesan
- 2 Stiele Thymian
- 2 Stiel Rosmarin
- 1 Prise Musaktnuss
- 1 Bund frische Kräuter (nach Wahl)
- 50 g Butter
- 2 EL Rapsöl
- Salz
- Pfeffer

Zubereitung:

1. Schäle die Zwiebeln und schneide sie in feine Stücke. Gib das Öl in eine Pfanne und dünste die Zwiebeln darin glasig.

2. Schäle die Möhren und schneide sie in dünne Scheiben. Putze die Pilze und halbiere sie. Erhitze 40 g Butter in einer Pfanne und brate die Möhren mit den Pilzen darin scharf an. Drehe danach die Temperatur auf mittlere Hitze und lasse das Gemüse weiter dünsten.
3. Schäle den Knoblauch und hacke ihn fein. Gib ihn in die Möhren-Pilz-Pfanne. Bestreue alles mit Zucker und Mehl. Rühre so lange, bis Zucker und Mehl ein wenig eingezogen sind. Lösche dann das Gemüse mit Wein ab und gieße die Gemüsebrühe sowie die Sojasoße hinzu. Lasse das Gemüse köcheln, bis es gar aber noch bissfest ist. Gib während des Garens Senf, Thymian und Rosmarin hinzu. Würze mit Salz und Pfeffer nach.
4. Wasche die Kräuter und entferne die Blätter von den Stielen. Hacke die Blätter fein. Reibe den Käse.
5. Gib die Polenta unter ständigem Rühren für 2 Minuten in 450 ml kochendes gesalzenes Wasser. Schalte die Herdplatte danach aus und lasse die Polenta quellen. Rühre eine Prise Muskatnuss, etwas Salz und Pfeffer sowie die Kräuter ein. Gib auch den Parmesan und die restlichen 10 g Butter in die Polenta.
6. Verteile die Polenta auf den Tellern und verteile das Pilzragout darüber.

Variation:

- ✔ Um die Tarte etwas festlicher zu gestalten, kannst du neben den Champignons Steinpilze und Pfifferlinge verwenden. Die Möhren kannst du auch durch Pastinaken ersetzen.

Haferbratling mit Apfelrotkohl

Minuten: 60 **Portionen: 3**

Zutaten:

- 250 g kernige Haferflocken
- 2 EL Paniermehl
- 1 Glas Rotkohl
- 1 Apfel
- 1 rote Zwiebel
- 2 Eier
- 2 TL Senf
- 500 ml Gemüsebrühe
- 1 TL Muskat
- 2 Stiele Petersilie
- 40 g Butter
- 4 EL Olivenöl
- Salz
- Pfeffer

Zubereitung:

1. Koche die Gemüsebrühe auf und gib die Haferflocken hinein. Rühre die Masse für 2 Minuten um und nimm sie anschließend vom Herd. Verschließe den Topf mit dem Deckel und lasse die Haferflocken ausquellen.
2. Schäle die Zwiebeln und schneide sie in Würfel. Gib die Butter in eine Pfanne und dünste die Zwiebelwürfel darin an.

3. Wasche die Petersilie, zupfe die Blätter vom Stängel ab und hacke sie klein. Schlage die Eier in einer Schüssel schaumig auf. Gib das Paniermehl, etwas Salz und Muskat, die Petersilie und den Senf hinzu. Füge die aufgequollenen Haferflocken und die gebratenen Zwiebeln hinzu und vermenge alles miteinander. Forme anschließend kleine Frikadellen aus der Masse.

4. Gib das Öl in eine Pfanne und backe die Bratlinge darin an, bis sie von beiden Seiten gold-braun sind.

5. Schäle den Apfel, entkerne ihn und schneide ihn in kleine Würfel. Gib den Rotkohl in einen Topf und füge die Apfelstücke hinzu. Würze die Mischung mit Salz und Pfeffer und lasse sie für 15 Minuten bei geschlossenem Deckel köcheln.

6. Verteile die Haferbratlinge auf den Tellern und richte den Rotkohl dazu an.

Variation:

- ✔ Als weitere Beilage zu diesem Gericht eignet sich Kartoffelpüree. Koche dafür einige Kartoffeln für 25 Minuten und stampfe sie anschließend mit einem Kartoffelstampfer klein. Gib etwas warme Milch, Muskat und Salz dazu und rühre alles unter, bis eine glatte Masse entsteht.

Sesam-Mandel-Süßkartoffel

Minuten: 75 **Portionen: 2**

Zutaten:

- 300 g Süßkartoffeln
- 400 g Kichererbsen (Dose)
- 1 Knoblauchzehe
- 250 g Kirschtomaten
- 1 Prise Zucker
- 3 EL Limettensaft
- 5 EL Mandelmilch
- 50 g Tahin
- 1 Bund Dill
- 1 TL Zimt
- 1 TL Kreuzkümmel
- 1 TL Koriander
- 1 TL Paprikapulver
- 3 EL Olivenöl
- Salz
- Pfeffer

Zubereitung:

1. Gib die Kichererbsen in ein Sieb, wasche sie und lasse sie anschließend gut abtropfen. Verrühre Zimt mit Kreuzkümmel, Koriander, Paprika, Öl und 1,5 TL Salz in einer großen Schüssel.
2. Gib die Kichererbsen zu der Gewürzmischung und vermischen alles miteinander. Heize den Backofen auf 150 °C (Umluft) vor. Lege ein Backblech mit Backpapier aus.

3. Wasche die Süßkartoffeln gründlich und halbiere sie der Länge nach. Lege sie mit der Schnittfläche nach oben auf das Backblech.
4. Gib die marinierten Kichererbsen rundherum auf das Blech. Streiche die übrige Würzmischung aus der Schüssel mit einem Backpinsel auf die Kartoffelflächen. Gare alles für ca. 1 Stunde im Backofen.
5. Schäle den Knoblauch, hacke ihn grob und zerdrücke ihn mit einer Gabel zu Paste. Verrühre den zerdrückten Knoblauch mit Tahin, Limettensaft und dem Mandeldrink in einer Schüssel. Schmecke die Soße mit Salz, Pfeffer und Zucker ab.
6. Wasche den Dill und zupfe die Blätter ab. Schneide eine Hälfte davon klein und rühre sie unter die Soße.
7. Hacke den restlichen Dill grob. Wasche die Tomaten und schneide sie in Viertel.
8. Nimm das Blech aus dem Backofen. Richte die Süßkartoffeln mit den Kichererbsen auf dem Teller an. Gib die Soße darüber und bestreue alles mit dem Dill.

Variation:

- ✔ Dill gibt dem ganzen Gericht einen speziellen Geschmack. Durch das Austauschen der Kräuter kannst du bereits viel verändern. Probiere es alternativ mit Koriander oder Basilikum aus. Für etwas mehr Frische kannst du Granatapfelkerne über das Gericht geben.

Rosenkohl-Kartoffel-Pfanne mit Apfel-Feta-Topping

Minuten: 30 **Portionen: 2**

Zutaten:

- 500 g Rosenkohl
- 300 g Kartoffeln
- 1 Apfel
- 1 Zwiebel
- 2 Zehen Knoblauch
- 100 g Feta
- 50 g Walnüsse
- ½ TL Thymian
- 1 Prise Muskatnuss
- 2 EL Butter
- 2 EL Rapsöl
- Salz
- Pfeffer

Zubereitung:

1. Entferne die äußeren Blätter des Rosenkohls und schneide den Strunk mit einem Messer kreuzweise ein. Wasche den Rosenkohl und lasse ihn für 5 Minuten in gesalzenem Wasser kochen. Gieße das Kochwasser anschließend ab und stelle die Röschen beiseite.

2. Schäle die Kartoffeln und schneide sie in kleine Würfel. Gib das Öl in eine Pfanne und brate die Kartoffelstücke darin kurz an. Lege anschließend den Deckel auf die Pfanne und lasse die Kartoffeln für 10 Minuten garen. Wende die Stücke zwischendurch.
3. Entferne den Deckel nach den 10 Minuten Garzeit und erhöhe die Temperatur. Brate die Kartoffeln scharf an, sodass sie leicht braun und knusprig werden.
4. Schäle die Zwiebeln und halbiere sie. Schneide sie anschließend in dünne Ringe. Schäle die Knoblauchzehen und hacke sie fein. Gib die Zwiebeln mit der Butter zu den Kartoffeln in die Pfanne. Lasse das Ganze für 3 Minuten braten.
5. Halbiere den Rosenkohl und gib ihn ebenfalls in die Pfanne. Lasse die Mischung erneut für 5 Minuten braten.
6. Schäle die Äpfel, entkerne sie und schneide sie in kleine Würfel. Gib auch diese mit dem gehackten Knoblauch in die Pfanne. Würze die Mischung mit Salz, Pfeffer und Muskatnuss.
7. Verteile die Mischung aus der Pfanne auf den Tellern. Zerbrösle den Feta und gib ihn über den Rosenkohl und die Kartoffeln.

Variation:

- ✔ Anstelle der Äpfel kannst du auch anderes winterliches Obst in die Pfanne geben. Hierfür eignen sich besonders Zwetschgen oder auch Birnen. Das Gericht kannst du auch als Beilage verwenden und dazu einen Braten kochen. Inspiration hierzu findest du im Kapitel „Braten“.

Ofengerichte

Gemüsegeschenk mit Ziegenkäse und Brot-Crunch

Minuten: 40 **Portionen: 4**

Zutaten:

- 1 Rolle Ziegenweichkäse
- 400 g Rote Beten
- 500 g Brokkoli
- 200 g Babymöhren
- 2 Knoblauchzehen
- 1 Scheibe Toastbrot
- ¼ Pfefferbeeren
- 2 Stiele Rosmarin
- 1 Prise Zimt
- 5 EL Olivenöl
- Salz
- Pfeffer

Zubereitung:

1. Schäle die Rote Bete, wasche sie und schneide sie in dünne Scheiben. Benutze dabei Einmalhandschuhe oder öle deine Hände ein. Ansonsten färbt die Rote Bete deine Hände stark ein.
2. Wasche den Brokkoli und zerteile ihn in einzelne Röschen. Schneide diese anschließend in Scheiben. Schäle die Möhren und halbiere sie längs.

3. Schäle den Knoblauch und hacke ihn fein. Wasche den Rosmarin und trenne die Nadeln vom Stiel. Hacke die Nadeln fein. Verrühre diese mit dem Knoblauch und Öl. Schneide den Ziegenkäse in ca. 1 cm dicke Scheiben.

4. Heize deinen Backofen auf 220 °C (Umluft) vor. Gib das Gemüse mittig auf vier Bögen Backpapier und würze es mit Pfeffer und Salz. Lege den Ziegenkäse darauf. Beträufle jedes Päckchen mit dem Kräuteröl.

5. Nimm das Backpapier an beiden kurzen Enden zusammen, sodass eine Art Schiffchen entsteht. Binde die Enden mit Küchengarn zusammen, damit sie während des Backens nicht aufgehen können. Gib die Päckchen für 15 Minuten in den Backofen.

6. Zerbrösle das Toastbrot grob und zerdrücke die rosa Pfefferbeeren. Vermische das Toastbrot in einer Schüssel mit Pfeffer, ein wenig Zimt und Salz sowie dem restlichen Kräuteröl. Gib die Toastbrösel für die restlichen 10 Minuten ebenfalls zu den Gemüseschiffchen auf das Backblech in den Backofen.

7. Nimm die Gemüsepäckchen aus dem Backofen und verteile sie auf den Tellern. Bestreue sie vor dem Servieren mit dem Brot-Crunch.

Variation:

- ✔ Anstelle des Brot-Crunchs kannst du auch auf gehackte Nüsse zurückgreifen. Brate diese in einer Pfanne ohne Fett an und gib sie dann nicht mehr in den Backofen. Anstelle der Möhren kannst du auch Kürbisstücke verwenden.

Gefüllter Ofenkürbis

Minuten: 60 **Portionen: 6**

Zutaten:

- 2 Butternut-Kürbisse
- 200 g Belugalinsen
- 3 Möhren
- 150 g Champignons
- 20 g Haselnüsse
- 50 g Cranberrys
- 1 Schalotte
- 1 Knoblauchzehen
- 2 EL Tahin
- 1 Zitrone
- 3 Stiele Rosmarin
- ½ TL Zimt
- 1 Prise Cayennepfeffer
- 3 EL Olivenöl
- Salz
- Pfeffer

Zubereitung:

1. Heize deinen Backofen auf 200 °C (Ober-/Unterhitze) vor. Wasche die Kürbisse und halbiere sie der Länge nach. Lasse die Kerne dabei in dem Kürbis. Wasche den Rosmarin und zupfe die Nadeln von den Stielen ab. Hacke die Nadeln fein. Gib die Kürbishälften auf ein Backblech und bestreiche sie mit 2 EL Olivenöl. Würze die Hälften mit Salz, Pfeffer und Rosmarin. Lasse

die Kürbishälften für 40 Minuten im Backofen, bis sie weich sind.

2. Koche in der Zwischenzeit die Linsen für 20 bis 30 Minuten in 400 ml gesalzenem Wasser.
3. Schäle die Möhren und putze die Champignons. Schneide beides in kleine Würfel. Schäle die Schalotten und den Knoblauch, schneide beides ebenfalls in kleine Würfel.
4. Hacke die Haselnüsse grob und gib sie in eine heiße Pfanne ohne Fett zum Anrösten. Nimm die Nüsse anschließend heraus und erhitze in der gleichen Pfanne das restliche Olivenöl. Brate darin die Schalotten und den Knoblauch an, bis beides glasig ist. Gib nach 20 Minuten Kochzeit die Möhren und Champignons unter die Linsen und lasse sie mitkochen. Gieße alles in einem Sieb ab und gib die Linsen-Mischung in eine Schüssel.
5. Presse die Zitrone aus. Gib den Saft mit dem Tahin, etwas Salz, Pfeffer und Cayennepfeffer, ½ TL Zimt, die Haselnüsse, die Zwiebeln und den Knoblauch sowie die Cranberrys zu der Linsen-Mischung.
6. Hole die Kürbishälften aus dem Backofen und entferne die Kerne mit einem Löffel. Gib in die entstandene Mulde die Linsenfüllung und serviere die Kürbishälften.

Variation:

- ✔ Zusätzlich kannst du zu dem Kürbis noch einen Kräuterquark oder Hummus reichen. Den Kräuterquark kannst du schnell selbst herstellen. Mische dafür 250 g Quark mit frischen Kräutern wie Petersilie, Dill oder Basilikum. Um das Gericht festlicher zu gestalten, kannst du getrocknete Datteln oder Cranberrys unter die Linsen-Mischung geben.

Gebackener Camembert mit Apfel-Chutney

Minuten: 30 **Portionen: 4**

Zutaten:

- 3 Äpfel
- 4 Camembert
- 100 g Schalotten
- 5 EL Preiselbeeren
- 8 EL Honig (flüssig)
- 3 EL Weinessig
- 6 EL Apfelsaft
- 2 Stiele Rosmarin
- Salz
- Pfeffer

Zubereitung:

1. Schäle die Äpfel, entkerne sie und schneide sie in kleine Stücke. Schäle die Schalotten und schneide daraus Spalten.
2. Heize deinen Backofen auf 175 °C (Umluft) vor. Gib 5 EL Honig in einen Topf und vermische den Honig mit den Äpfeln. Füge den Essig und den Apfelsaft hinzu. Lasse das Ganze aufkochen und für 30 Minuten auf dem Herd köcheln.
3. Gib die Preiselbeeren ca. 5 Minuten vor dem Ende der Garzeit zu den Äpfeln. Schmecke die Mischung mit Salz und Pfeffer ab und lasse das entstandene Chutney abkühlen.

4. Wasche den Rosmarin und zupfe die Nadeln ab. Hacke sie anschließend klein.

5. Bestreiche den Camembert mit 3 EL Honig und lege etwas von dem Rosmarin darauf. Platziere den Käse auf einem Backpapier und gib die Komposition für 10 Minuten in den Backofen.

6. Richte die einzelnen Camemberts auf den Tellern an und beträufle sie mit dem Chutney. Verstreue den restlichen Rosmarin darüber.

Variation:

- ✔ Um das Gericht noch etwas sättigender zu machen, kannst du dazu Brot reichen. Um das Gericht abzuwandeln, kannst du anstelle der Äpfel Pflaumen oder Aprikosen verwenden. Als Variation zu dem Camembert kannst du das Gericht mit Ziegenkäse zubereiten.

Ofengemüse mit Feta-Polenta

Minuten: 50

Portionen: 4

Zutaten:

- 4 Möhren
- 300 g rote und gelbe Möhren
- 500 g Rote Bete
- 500 g Blumenkohl
- 250 g Polenta
- 100 g Feta
- 600 ml Gemüsebrühe
- 400 ml Milch
- 2 Stiele Kräuter (nach Wahl)
- 1 EL Butter
- 1 EL Olivenöl
- Salz
- Pfeffer

Zubereitung:

1. Heize den Backofen auf 180 °C (Umluft) vor. Schäle die Möhren und lasse dabei etwas von dem Möhrengrün stehen. Wasche die Rote Bete gründlich und schneide sie in Viertel. Ziehe dafür Einmalhandschuhe an oder öle dir die Hände ein. Ansonsten wird die Rote Bete deine Hände stark einfärben.
2. Gib das Gemüse auf ein Backblech und stelle es für 40 Minuten in den Backofen.

3. Gib in der Zwischenzeit die Gemüsebrühe mit der Milch in einen Topf und lasse die Mischung aufkochen. Füge unter Rühren die Polenta hinzu. Bringe die Masse für 5-8 Minuten zum Köcheln und rühre dabei weiter um. Nimm den Topf anschließend vom Herd und lasse die Polenta bei geschlossenem Deckel für 10 Minuten ziehen.

4. Zerbrösle den Feta in deinen Händen über der Polenta und gib sie mit der Butter hinzu. Rühre die Mischung um und schmecke sie anschließend mit Salz, Pfeffer und Muskat ab.

5. Wasche die Kräuter und entferne die Blätter von den Stielen. Hacke die Blätter anschließend fein.

6. Nimm das Gemüse aus dem Backofen. Richte die Polenta auf den Tellern an und gib das gebackene Gemüse darauf. Garniere alles mit den gehackten Kräutern.

Variation:

- ✔ Anstelle der Polenta kannst du zu dem Ofengemüse auch Kartoffelpüree servieren. Koche dafür einige Kartoffeln für 25 Minuten und stampfe sie anschließend mit einem Kartoffelstampfer klein. Gib etwas warme Milch, Muskat und Salz dazu und rühre alles unter, bis eine glatte Masse entsteht. Wenn du kein Kartoffelpüree herstellen möchtest, kannst du zu dem Ofengemüse kleine Kartoffeln mit auf das Backblech geben und diese später als Beilage reichen.

Gefüllte Dattel-Mandel-Aubergine

Minuten: 60 **Portionen: 6**

Zutaten:

- 3 Auberginen
- 1 Zwiebel
- 3 Knoblauchzehen
- 150 g Datteln (getrocknet)
- ½ Granatapfel
- 80 g Mandelkerne
- 250 g Couscous
- 500 g Joghurt
- 3 Stiele Minze
- 1 TL Zimt
- 1 TL Kreuzkümmel
- 8 EL Olivenöl
- Salz
- Pfeffer

Zubereitung:

1. Heize den Backofen auf 180 °C (Umluft) vor. Wasche die Auberginen und halbiere sie längs. Höhle die Auberginen mit einem Esslöffel aus, sodass eine Mulde in der Mitte entsteht. Lege die Auberginenhälften auf das Backblech und bestreiche sie mit 3 EL Olivenöl. Würze sie anschließend mit Salz und gib sie für 25 Minuten in den Backofen.

2. Schneide das innere Fruchtfleisch der Aubergine in kleine Würfel. Schäle die Zwiebeln und den Knoblauch und hacke beides fein. Schneide die Datteln ebenfalls klein. Hacke die Mandeln grob und röste sie in einer Pfanne ohne Fett für kurze Zeit an.

3. Erhitze 4 EL Olivenöl in einer Pfanne und gib die Auberginenwürfel hinein. Brate sie unter ständigem Wenden für 5 Minuten an. Gib die Zwiebeln und ⅔ des Knoblauchs für kurze Zeit ebenfalls hinzu. Würze das Ganze mit Salz, Pfeffer, Zimt und Kreuzkümmel. Füge nun die Datteln hinzu und hebe sie unter das Gemüse.

4. Gib den Couscous in eine große Schüssel und gieße 250 ml kochendes gesalzenes Wasser darüber. Lasse den Couscous für 10 Minuten darin quellen. Rühre die Butter anschließend unter.

5. Verrühre den restlichen Knoblauch mit dem Joghurt in einer Schüssel. Würze den entstehenden Dip mit Salz und Pfeffer. Schneide den Granatapfel auf und hole die Kerne heraus. Wasche die Minze und zupfe die Blätter ab. Hacke sie anschließend.

6. Mische die Auberginenwürfel mit dem Couscous und den Mandeln. Schmecke die Mischung ab und würze sie je nach Bedarf. Nimm die Auberginen aus dem Backofen. Gib die Mischung in die Mulde der gebackenen Auberginenhälften.

7. Verteile die Auberginenhälften auf den Tellern und gib vor dem Servieren den Joghurt darüber. Bestreue die Auberginen anschließend mit Minze und den Granatapfelkernen.

Variation:

- ✔ Die Datteln kannst du auch durch andere getrocknete Früchte ersetzen. Hier eignen sich Cranberrys, Aprikosen oder Pflaumen. Anstelle des Kreuzkümmels kannst du das Gericht mit Kardamom würzen.

Rosenkohl-Auflauf

Minuten: 60 **Portionen: 4**

Zutaten:

- 800 g Rosenkohl
- 500 g Kartoffeln
- 250 ml Sahne
- 2 Eier
- 150 g Schmand
- 2 Stiele Dill
- 2 Stiele Thymian
- 2 Stiele Petersilie
- 1 Prise Muskat
- Salz
- Pfeffer

Zubereitung:

1. Heize den Backofen auf 170 °C (Ober-/Unterhitze) vor. Schäle die Kartoffeln und schneide sie in 5 mm dicke Scheiben. Entferne die äußeren Blätter des Rosenkohls und wasche ihn. Schneide den Strunk kreuzweise ein. Wasche die Kräuter und zupfe die Blätter von den Stielen ab. Hacke sie anschließend fein.
2. Gib die Kartoffelscheiben, den Rosenkohl und die gehackten Kräuter in eine Auflaufform. Mische die Sahne mit den Eiern in einer Schüssel und verquirle beides mit dem Schmand. Würze das Ganze mit Salz, Pfeffer und Muskat.

3. Gib die Sahnesoße über das Gemüse und stelle die Form für ca. 50 Minuten in den Backofen.

4. Sobald das Gemüse goldbraun gebacken ist, kannst du es zum Servieren aus dem Backofen nehmen. Verteile den Auflauf anschließend auf den Tellern.

Variation:

- Als Alternative zu den normalen Kartoffeln kannst du Süßkartoffeln verwenden. Um die Soße etwas anders zu gestalten, füge 1 EL Senf hinzu. Als weihnachtliches Gewürz kannst du zusätzlich zu dem Muskat eine Prise Kardamom verwenden.

Braten

Beet Wellington

Minuten: 120 **Portionen: 6**

Zutaten:

- 8 Rote Beten
- 600 g Champignons
- 2 Schalotten
- 1 Knoblauchzehe
- 500 g Blattspinat (TK)
- 1 Ei
- 1 Yufkateig/Filoteig
- 150 g Kräuterquark
- 1 EL Senf
- 5 EL Milch
- 2 EL Honig (flüssig)
- 3 Stiele Petersilie
- 2 EL Butter
- 4 EL Olivenöl
- Salz
- Pfeffer

Zubereitung:

1. Heize den Backofen auf 180 °C (Umluft) vor. Schäle die Rote Bete. Verwende dafür Einweghandschuhe oder öle deine Hände ein, da sie sich ansonsten stark rot färben. Reibe die Bete anschließend mit 2 EL Öl und einer Prise Salz ein. Verteile sie auf einem Backblech und gib sie für 45 Minuten in den Backofen.
2. Säubere in der Zwischenzeit die Pilze und hacke sie in feine Stücke. Schäle die Schalotten und den Knoblauch, schneide diese

ebenfalls in feine Stücke. Erhitze 2 EL Öl in einer großen Pfanne und brate die Pilze darin 10 Minuten lang an. Gib ca. 2 Minuten vor Ende der Bratzeit die Schalotten und den Knoblauch zu den Pilzen. Füge nach dem Ende der Bratzeit noch den Spinat hinzu und lasse alles bei mittlerer Hitze in der geschlossenen Pfanne köcheln, bis der Spinat aufgetaut ist. Wasche die Petersilie und hacke sie anschließend klein. Rühre Senf, Honig und die gehackte Petersilie unter die Pilz-Pfanne. Schmecke alles mit Salz und Pfeffer ab.

3. Hole die Rote Bete aus dem Backofen. Erhitze die Milch mit der Butter in einem Topf. Lege ein Teigblatt des Filoteigs (oder Yufkateigs) auf ein feuchtes Geschirrtuch. Bestreiche es mit der Milch-Butter-Mischung und lege ein weitere Teigblatt darüber. Wiederhole diesen Vorgang noch zweimal.
4. Verteile ¼ der Pilz-Masse auf dem Teig aus Schritt 3. Lege vier Rote Beten darüber und verteile auf der Roten Bete erneut ¼ der Pilzfüllung. Achte darauf, genug Platz zum Rand zu lassen; ansonsten läuft die Füllung beim späteren Backen heraus.
5. Lege die Ränder der Teigblätter von den kurzen und langen Seiten über die Roten Beten und rolle alles auf. Verfahre genauso mit den restlichen Zutaten für eine zweite Rolle. Gib die Teigrollen auf ein Backblech. Verquirle das Ei und bestreiche die Rollen damit. Gib sie für ca. 30 Minuten in den Backofen.
6. Schneide das Beet-Wellington in Scheiben und serviere es mit einem Klecks Kräuterquark.

Variation:

- ✔ Den Blattspinat kannst du durch Wirsing ersetzen. Um das Gericht festlicher zu gestalten, kannst du neben den Champignons auch Steinpilze und Pfifferlinge in das Beet-Wellington geben.

Kartoffelbraten mit Tomaten-Pilz-Füllung

Minuten: 60 **Portionen: 5**

Zutaten:

- 750 g Kloßteig (Kühlregal)
- 150 g Champignons
- 1 Knoblauchzehe
- 100 g Tomaten (getrocknet und in Öl eingelegt)
- 1 Ei
- 100 g Frischkäse
- 50 g Speisestärke
- 40 g gemahlene Mandeln
- 2 Stiele Thymian
- Salz
- Pfeffer

Zubereitung:

1. Trenne das Ei. Das Eiweiß benötigst du für dieses Rezept nicht. Für den Kartoffelteig vermischst du den Kloßteig mit dem Eigelb und der Speisestärke. Nutze dazu am besten eine Küchenmaschine.
2. Verteile die klebrige Masse auf einem Backpapier. Sollte der Teig zu klebrig sein, kannst du deine Hände mit Mehl beschichten. Rolle die Masse auf einer Fläche von ca. 30 x 30 cm aus.

3. Schäle die Knoblauchzehe und schneide sie in feine Würfel. Schneide die getrockneten Tomaten klein. Putze die Champignons und schneide diese ebenfalls in kleine Stücke. Wasche den Thymian und trenne die Blätter von den Stielen ab. Hacke den Thymian klein. Vermische den Knoblauch, die Tomaten, die Champignons, den Thymian, ½ TL Salz, ein bisschen Pfeffer, den Frischkäse und die Mandeln in einer Schüssel.

4. Verteile die Füllung auf dem Teig. Wickle den Teig zu einer Rolle auf. Umhülle die Rolle mit Backpapier und anschließend noch ein weiteres Mal in Klarsichtfolie.

5. Anschließend musst du die Rolle im kochenden Wasserbad gar werden lassen. Verwende dazu einen großen Topf oder eine Form, in die deine Rolle hineinpasst. Erhitze darin Wasser und setzte ein Sieb oder ähnliches darein. Gib die Rolle in das Sieb und lasse sie in dem siedenden Wasserbad für 1 Stunde gar werden.

6. Nimm sie anschließend aus dem Wasserbad und schneide sie zum Servieren in Scheiben.

Variation:

- Die Füllung kannst du ganz nach deinem Geschmack variieren. Solltest du keine Pilze mögen, verwende Spinat oder Paprika. Genauso gut eignen sich Zucchini oder Aubergine.

Kürbis-Braten

Minuten: 100 — Portionen: 5

Zutaten:

- 1 Butternut-Kürbis
- 150 g Blattspinat (TK)
- 500 g Cherrytomaten
- 2 Eier
- 1 Zwiebel
- 2 Knoblauchzehen
- 200 g gegarte Maronen
- 300 g Reis
- 100 g Haselnüsse
- 2 EL Honig (flüssig)
- 6 EL Balsamessig
- ½ TL Muskat
- ½ TL Zimt
- 2 EL Butter
- Salz
- Pfeffer

Zubereitung:

1. Lasse den Spinat auftauen. Koche den Reis in gesalzenem Wasser für ca. 10 Minuten und lasse ihn anschließend abtropfen. Schäle die Zwiebel sowie den Knoblauch und hacke beides klein. Hacke die Haselnüsse und die Maronen grob. Wasche den Kürbis, halbiere und entkerne ihn. Höhle ihn, so gut es geht, der Länge nach aus. Hacke das Fruchtfleisch grob und stelle es beiseite. Ritze die Kürbishälften von außen ca. alle 3 cm leicht ein.

2. Heize deinen Backofen auf 180 °C (Umluft) vor. Erhitze 2 EL Butter in einer Pfanne und dünste die Zwiebeln mit dem Knoblauch darin, bis sie glasig sind. Drücke das Wasser aus dem aufgetauten Spinat und hacke ihn grob. Vermische ihn mit den angebratenen Zwiebeln, den Nüssen, Maronen und dem Reis. Rühre ebenfalls die Eier darunter. Würze das Ganze mit Salz, Pfeffer, Muskat und ein wenig Zimt.

3. Gib die Füllung jeweils bis zum Rand in die beiden Kürbishälften. Klappe die Hälften dann wieder zusammen und verbinde die Kürbishälften zusätzlich mit Küchengarn. Gib den Kürbis für ca. 1 Stunde in den Backofen.

4. Vermische das Fruchtfleisch mit der restlichen Reisfüllung und gib alles in eine ofenfeste Form. Die Masse solltest du ca. 2 cm hoch einfüllen und leicht andrücken. Gib die Form 30 Minuten vor dem Ende der Backzeit zu dem Kürbis in den Backofen.

5. Wasche die Tomaten und gib sie 20 Minuten vor dem Ende der Garzeit ebenfalls auf das Backblech.

6. Verrühre den Honig mit dem Essig. Nimm alles aus dem Backofen und löse den Reiskuchen aus der Form. Schneide ihn in kleine Stücke. Richte die Reisstücke mit den geschmorten Tomaten an. Schneide den Kürbisraten in Scheiben und beträufle alles mit der Honig-Essig-Mischung.

Variation:

- ✔ Anstelle des Butternut-Kürbis kannst du auch einen Hokkaido-Kürbis verwenden. Wenn du keine Haselnüsse magst, kannst du auch Walnüsse verwenden.

Gewürz-Blumenkohl-Braten

Minuten: 120 **Portionen: 4**

Zutaten:

- 1 Blumenkohl
- 2 Knoblauchzehen
- 1 Zitrone
- 125 g Granatapfel
- 180 g Auberginen-Püree
- 2 EL Honig (flüssig)
- 3 Stiele Koriander
- ¼ TL Paprikapulver
- 1 TL Kurkuma
- 1 TL Koriander
- ½ TL Kreuzkümmel
- 2 Stiele Thymian
- 1 EL Butter
- 2 EL Olivenöl
- Salz
- Pfeffer

Zubereitung:

1. Heize den Backofen auf 160 °C (Umluft) vor. Schäle den Knoblauch und hacke ihn fein. Wasche den Blumenkohl und gib ihn in eine ofenfeste Form mit Deckel.
2. Vermische das Öl mit dem Knoblauch sowie dem Kurkuma, Koriander und Kreuzkümmel. Reibe den Blumenkohl damit ein, salze und pfeffere ihn anschließend. Übergieße den Blumenkohl

mit 60 ml kochendem Wasser und gib ihn abgedeckt für eine Stunde in den Backofen.

3. Wasche den Thymian und zupfe die Blätter ab. Mische diese mit der flüssigen Butter, dem Honig und dem Paprikapulver. Bestreiche den Blumenkohl nach einer Stunde mit der Mischung und gib ihn erneut für 40 Minuten in den Backofen, diesmal ohne Deckel.

4. Schneide den Granatapfel auf und löse die Kerne heraus. Wasche den Koriander und hacke die Blätter klein.

5. Nimm den Blumenkohl aus dem Backofen. Gib das Auberginenpüree auf einen großen Teller. Streiche es glatt auf den Tellerboden und setzte den Blumenkohl darauf. Presse die Zitrone aus und gib den Zitronensaft darüber. Bestreue den Blumenkohl ebenfalls mit den Granatapfelkernen und dem gehackten Koriander.

Variation:

- Für eine Variation der Gewürze kannst du zu Currypulver oder Muskat greifen. Auch der Koriander ist ersetzbar: Verwende stattdessen Petersilie oder Estragon.

Kohlrouladen mit Bulgur

Minuten: 40 **Portionen: 5**

Zutaten:

- 10 Wirsingblätter
- 250 g Bulgur
- 1 Zwiebel
- 2 Möhren
- 2 Knoblauchzehen
- 3 EL Tomatenmark
- 1 l Gemüsebrühe
- 3 Stiele Petersilie
- 2 EL Rapsöl
- Salz
- Pfeffer

Zubereitung:

1. Wasche die Wirsingblätter und blanchiere sie, indem du sie für 2 Minuten im kochenden gesalzenen Wasser garen lässt. Lass sie abtropfen.
2. Koche den Bulgur in 750 ml Gemüsebrühe. Gib 1 EL Tomatenmark hinzu. Siebe den Bulgur ab, sobald er gar ist und gib ihn in eine große Schüssel.
3. Schäle die Zwiebel und hacke sie klein. Mache das Gleiche mit dem Knoblauch. Wasche die Petersilie und hacke die Blätter

ebenfalls in feine Stücke. Schäle die Möhre und schneide sie in kleine Würfel.

4. Erhitze 1 EL Öl in einer Pfanne und dünste die Zwiebeln mit dem Knoblauch darin an. Gib nach 2 Minuten die Möhren hinzu und lasse das Ganze garen. Würze die Mischung mit der Petersilie. Gib alles unter den Bulgur und mische es gut durch.

5. Gib die Mischung in die Mitte der einzelnen Wirsingblätter. Klappe die Seiten der Blätter ein und rolle sie auf, sodass eine Roulade entsteht. Nutze Küchengarn, um die Rouladen zu umwickeln.

6. Erhitze das restliche Öl in einer Pfanne und brate die Rouladen von beiden Seiten darin an. Mische die restliche Gemüsebrühe mit dem Rest des Tomatenmarks und gib es zu den Rouladen in die Pfanne. Dadurch entsteht eine Tomatensoße, die du zu den Rouladen reichen kannst. Lasse alles bei mittlerer Hitze für 15 Minuten abgedeckt köcheln.

7. Gib die Rouladen auf die Teller und richte sie mit der Tomatensoße aus der Pfanne an.

Variation:

- ✔ Als Alternative zum Bulgur kannst du auch Couscous oder Basmatireis verwenden. Anstelle der Wirsingblätter eignen sich auch Spitzkohl- oder Rotkohlblätter zum Einwickeln der Rouladen.

Hüttenkäse-Braten

Minuten: 60

Portionen: 5

Zutaten:

- 300 g Hüttenkäse
- 1 Zwiebel
- 2 Eier
- 250 g Haferflocken
- 1 EL Sojasoße
- 1 TL Gemüsebrühepulver
- 2 TL italienische Kräuter
- 2 EL Rapsöl
- Salz
- Pfeffer

Zubereitung:

1. Heize den Backofen auf 180 °C (Umluft) vor. Schäle die Zwiebel und schneide sie in kleine Würfel.
2. Brösle den Hüttenkäse in eine große Schüssel und füge die Zwiebelwürfel mit den Haferflocken, Sojasoße, Gemüsebrühepulver, den Kräutern, Öl und den Eiern hinzu. Mische alles gut durch. Würze die Masse mit Salz und Pfeffer.
3. Fette eine Kastenform ein und fülle die Mischung hinein. Gib sie im Anschluss für 45 Minuten in den Backofen. Achte darauf, dass der Braten nicht zu dunkel wird, damit er nicht austrocknet.

4. Nimm den Braten aus dem Backofen und schneide ihn in Scheiben. Richte anschließend die Scheiben zum Servieren auf den Tellern an.

Variation:

- Den Braten kannst du mit verschiedenen Beilagen ergänzen. Dazu eignen sich zum Beispiel Rotkohl und Herzoginkartoffeln. Damit rundest du das Gericht zu einer festlichen Hauptspeise ab.

Rotkohlpäckchen mit Maronen

Minuten: 60 **Portionen: 4**

Zutaten:

- 6 Rotkohlblätter
- 400 g gegarte Maronen
- 2 Quitten
- 250 g rote Linsen
- 2 Zwiebeln
- 150 ml Gemüsebrühe
- 4 Stiele Thymian
- 2 EL Rapsöl
- Salz
- Pfeffer

Zubereitung:

1. Wasche die Rotkohlblätter und schneide die dicke Blattrippe flach zu. Gib die Blätter zum Blanchieren für 1 bis 2 Minuten in kochendes gesalzenes Wasser. Nimm sie anschließend heraus und schrecke sie kalt ab, bevor du sie abtropfen lässt.
2. Wasche die Quitten, schneide sie in Viertel und entkerne sie. Schneide die Hälfte der Quitten in kleine Würfel und den anderen Teil in Spalten.
3. Lasse die Linsen für ca. 10 Minuten in kochendem gesalzenem Wasser garen. Hacke die Maronen klein und wasche die Thymianzweige. Pflücke die Blätter ab und hacke sie fein. Schäle die Zwiebeln und schneide sie in kleine Würfel.

4. Gieße die Linsen ab und lasse sie abtropfen. Vermische die Hälfte der Linsen mit der Hälfte der Zwiebeln, den Maronen, den Quittenwürfeln und dem Thymian. Schmecke die Mischung mit Salz und Pfeffer ab.
5. Fülle die Masse in die Kohlblätter und schlage sie anschließend an den Seiten ein, bevor du sie zu einer Roulade aufrollst. Benutze für einen besseren Halt Küchengarn oder einen Zahnstocher.
6. Erhitze das Öl in einem Topf und gib die Rouladen bei mittlerer Hitze hinein. Brate sie rundherum an und stelle sie anschließend beiseite.
7. Brate die Quittenspalten im Bratfett an und gibt die restlichen Maronen, Linsen und Zwiebeln hinzu. Setzte die Rouladen auf das Gemüse, gieße alles mit Gemüsebrühe an und lasse es zugedeckt bei mittlerer Hitze für 25 Minuten schmoren.
8. Verteile die Rouladen auf den Tellern und serviere sie mit der Linsen-Quitten-Mischung.

Variation:

- Anstelle von Quitten kannst du auch Birnen oder Aprikosen benutzen. Wenn du keine Linsen magst, verwende stattdessen Bulgur oder Couscous.

Grünkern-Braten

Minuten: 90 **Portionen: 6**

Zutaten:

- 200 g Grünkern (grob geschrotet)
- 2 Möhren
- 1 Zwiebeln
- 150 g Lauch
- 2 Eier
- 75 g Emmentaler
- 50 g gemahlene Haselnüsse
- 30 g Semmelbrösel
- 400 ml Gemüsebrühe
- 1 TL Thymian
- 1 EL Rapsöl
- Salz
- Pfeffer

Zubereitung:

1. Schäle die Möhren und rasple sie grob. Schäle die Zwiebeln und schneide sie in kleine Würfel. Wasche den Lauch und schneide ihn in feine Ringe. Reibe den Käse fein.
2. Dünste den Grünkern in einem Topf mit Öl an. Gib anschließend die Möhren, Zwiebeln sowie den Lauch hinzu und lasse alles für kurze Zeit anbraten.

3. Gieße die Gemüsebrühe hinzu und bringe die Mischung zum Kochen. Lasse den Topf im Anschluss auf der ausgeschalteten Kochfläche für 15 Minuten stehen. So kann die Masse ausquellen und anschließend abkühlen.

4. Heize deinen Backofen in der Zwischenzeit auf 175 °C (Ober-/Unterhitze) vor. Gib die Eier in eine Schüssel zusammen mit den Haselnusskernen, den Semmelbröseln, dem Emmentaler, dem Thymian und der Grünkern-Masse. Gib die Mischung in eine gefettete Kastenform und lasse sie für 45 Minuten im Backofen.

5. Nimm den Braten aus dem Backofen und schneide ihn in Scheiben. Richte die Bratenscheiben zum Servieren auf den Tellern an.

Variation:

- ✔ Den Braten kannst du mit einer fruchtigen Tomatensoße kombinieren. Als Beilagen eignet sich grünes Gemüse besonders gut, zum Beispiel Rosenkohl oder Brokkoli.

Cashew-Braten

Minuten: 50

Portionen: 4

Zutaten:

- 550 g Cashewnüsse
- 1 Zwiebel
- 2 Stangen Sellerie
- 1 Stange Porree
- 160 g Weißbrot
- 6 Scheiben Vollkornbrot
- 2 EL Sojamehl
- 1 TL Hefeflocken
- 4 Stiele Salbei
- 2 TL Kräuter
- 115 g Margarine
- Salz
- Pfeffer

Zubereitung:

1. Schäle den Sellerie und hacke ihn in feine Stücke. Wasche den Porree und schneide daraus feine Scheiben. Mahle die Cashewnüsse in einem Mixer fein oder hacke sie mit einem Messer. Schäle die Zwiebel und hacke sie fein. Zerbrösle das Brot in kleine Stücke.
2. Schmilze 30 g Margarine in einem großen Topf. Brate darin den Porree und die Selleriestücke an. Verquirle die Hefeflocken mit

350 ml heißem Wasser und gib diese ebenfalls in den Topf. Füge dann das Sojamehl, die Cashewnüsse, Kräuter deiner Wahl und die Weißbrotkrümel darunter. Lasse die Masse so lange köcheln, bis das Wasser verkocht ist. Schmecke die Masse mit Salz sowie Pfeffer ab und lasse sie anschließend abkühlen.

3. Fette eine Kastenform ein. Heize den Backofen auf 180 °C (Umluft) vor. Schmilze in einer Pfanne die restliche Margarine und lasse die Zwiebeln darin weich werden. Gib das zerkleinerte Brot zusätzlich in die Pfanne. Wasche den Salbei und hacke die Blätter in feine Stücke. Mische auch diese unter die Masse in der Pfanne und schmecke die Mischung mit Salz ab.

4. Gib die Hälfte der Cashewmischung in die Form und drücke sie gut an. Verteile dann die Füllung aus der Pfanne darauf und drücke diese ebenfalls an. Füge den Rest der Cashewmischung hinzu und gibt die Form anschließend für 40 Minuten in den Backofen.

5. Nimm den Braten aus dem Backofen und schneide ihn in Scheiben. Richte die Bratenscheiben zum Servieren auf den Tellern an.

Variation:

- ✔ Zu diesem Braten eignen sich Beilagen wie Klöße, Rotkohl und Bratensoße. Solltest du keine Cashewnüsse mögen, kannst du stattdessen auch andere Sorten von Nüssen verwenden, beispielsweise Mandeln oder Walnüsse.

Pilzpastete

Minuten: 30 **Portionen: 6**

Zutaten:

- 750 g Pilze
- 1 große Zwiebel
- 4 Knoblauchzehen
- 150 g Babyspinat
- 125 g gekochte Linsen
- 60 g geriebener Käse
- 100 g Walnüsse
- 1 Packung Blätterteig
- 2 EL Milch
- 2 EL Senf
- 4 Stiele Thymian
- 2 EL Olivenöl
- Salz
- Pfeffer

Zubereitung:

1. Putze die Pilze und schneide sie klein. Schäle die Zwiebeln und schneide sie in kleine Würfel. Mache das gleiche mit den Knoblauchzehen. Wasche den Babyspinat und lasse ihn abtropfen. Hacke die Walnüsse in grobe Stücke.
2. Erhitze das Olivenöl in einer großen Pfanne und brate darin die Zwiebeln für 3 Minuten an, bis sie leicht gebräunt sind. Gib anschließend die Pilze hinzu und würze mit Salz und Pfeffer nach.

Wenn alles angebraten ist, nimm es aus der Pfanne heraus und gib es zum Abtropfen auf ein Küchenpapier.

3. Stelle die Pfanne mit dem restlichen Öl zurück auf den Herd und röste den Knoblauch für einige Sekunden darin. Anschließend gibst du den Spinat dazu. Dünste ihn, bis er zusammenfällt. Drücke den Spinat gut aus, sodass er nicht mehr wässrig ist.
4. Lasse die Linsen abtropfen und mische sie mit den Pilzen. Gib nun den Senf sowie die Nüsse und den Käse hinzu.
5. Heize den Backofen auf 200 °C (Ober-/Unterhitze) vor. Wasche den Thymian und zupfe die Blätter ab. Breite den Blätterteig auf einem Backblech aus und verteile den Spinat mittig. Lasse dabei ca. 1 cm zum Rand frei. Lege die Champignons und die restliche Füllung auf den Spinat. Schlage die langen und kurzen Seiten des Blätterteigs übereinander und drücke die Enden an. Forme einen Laib und deute auf der Oberfläche mit einem scharfen Messer ein Schlitzmuster an. Bestreiche alles mit ein wenig Milch.
6. Gib den Laib für 20 Minuten in den Backofen, bis er goldbraun gebacken und ein wenig aufgegangen ist. Schneide den Laib anschließend in Scheiben und verteile diese zum Servieren auf den Tellern.

Variation:

- ✔ Die Füllung der Pastete ist austauschbar. Du kannst beispielsweise den Spinat durch Wirsing ersetzen oder die Walnüsse durch Pekannüsse.

Quiches & Tartes

Süßkartoffel-Walnuss-Tarte

Minuten: 60 **Portionen: 8**

Zutaten:

- 400 g Süßkartoffeln
- 100 g Walnüsse
- 4 Eier
- 250 g Mehl
- 100 g Frischkäse
- 50 g Gorgonzola
- 150 g Schlagsahne
- 140 g Butter
- 2 Stiele Petersilie

Zubereitung:

1. Trenne ein Ei. Das Eiweiß brauchst du für dieses Rezept nicht mehr. Fülle das Mehl, den Frischkäse, die Butter und das Eigelb in eine Schüssel und vermische alles zu einem glatten Teig. Wickle den Teig in Frischhaltefolie und kühle ihn für 1 Stunde im Kühlschrank.
2. Fette deine Tarte-Form mit ein wenig der Butter ein und beschichte die Form mit Mehl.
3. Rolle den gekühlten Teig auf einer bemehlten Arbeitsfläche aus und kleide die Form mit dem Teig aus. Drücke den Teigrand an

und stelle die Form in den Kühlschrank, während du die restlichen Arbeitsschritte erledigst.

4. Heize den Backofen auf 180 °C (Umluft) vor. Schäle die Süßkartoffeln und rasple sie grob. Hacke die Nüsse. Wasche die Petersilie, entferne die Stiele und hacke die Blätter klein.

5. Röste die Nüsse in einer Pfanne ohne Fett an. Verrühre die restlichen Eier mit der Sahne und ein wenig Pfeffer in einer Schüssel. Schneide den Gorgonzola in kleine Stücke.

6. Hole die Tarte-Form aus dem Kühlschrank und verteile die Süßkartoffeln und die Nüsse darauf. Verteile die Ei-Masse ebenfalls auf der Tarte und gib die Gorgonzola-Stücke darüber. Verstreue die Petersilie über der Tarte.

7. Gib die Form in den Backofen und lasse die Tarte auf der mittleren Schiene für ca. 25 Minuten backen. Reduziere dann die Backofentemperatur auf 150 °C und lasse die Tarte für weitere 20 Minuten backen. Falls die Tarte zu dunkel wird, decke sie mit Alufolie oder Backpapier ab.

8. Nimm die Tarte aus dem Backofen und lasse sie kurz abkühlen, bevor du sie aus der Form löst. Serviere sie am besten lauwarm.

Variation:

- ✔ Wenn du Gorgonzola nicht magst, kannst du ihn durch Feta ersetzen. Dazu passen anstelle der Walnüsse auch Pinienkerne sehr gut.

Rotkohl-Maronen-Quiche

Minuten: 60

Portionen: 6

Zutaten:

- 500 g Rotkohl
- 75 g Maronen (gegart)
- 2 Schalotten
- 1 Knoblauchzehe
- 80 g Bergkäse
- 80 g Aprikosen (getrocknet)
- 150 g Butter
- 3 Eier
- 150 ml Sahne
- 200 g Mehl
- 100 g Kichererbsenmehl
- 1 EL Mehl
- Chiliflocken
- 2 EL Olivenöl
- Salz
- Pfeffer

Zubereitung:

1. Trenne ein Ei. Das Eiweiß brauchst du für dieses Rezept nicht mehr. Verknete das Mehl mit dem Kichererbsenmehl, ½ TL Salz, dem Eigelb, 150 g kalter Butter und 2 EL kaltem Wasser. Wickle den Teig in Frischhaltefolie und stelle ihn für 30 Minuten in den Kühlschrank.
2. Schäle die Knoblauchzehen und Schalotten, hacke sie anschließend fein. Schneide die Aprikosen in kleine Stücke. Reibe den

Käse fein. Schneide den Rotkohl, entferne den Strunk und hacke den Rotkohl klein. Wasche ihn und lasse das überschüssige Wasser abtropfen.

3. Hacke die Maronen grob und röste sie in einer Pfanne ohne Fett an. Nimm die Maronen heraus und gib etwas Öl in die Pfanne. Dünste darin die Schalotten und den Knoblauch, bis beides glasig ist. Gib den Rotkohl, die Maronen, Salz, Pfeffer und einige Chiliflocken hinzu. Dünste alles unter ständigem Rühren.
4. Heize den Backofen auf 180 °C (Umluft) vor. Nimm die Pfanne vom Herd und lasse die Masse darin leicht abkühlen. Menge dann erst die Aprikosen und den Käse unter.
5. Verquirle die Sahne mit den restlichen Eiern in einer Schüssel und füge die Mischung unter den Rotkohl.
6. Fette die Tarte-Form ein. Rolle den Teig auf einer bemehlten Arbeitsfläche aus und lege ihn anschließend in die Form. Drücke die Ränder dabei an. Stich mehrmals mit einer Gabel den Teig ein. Gib die Rotkohlfüllung darüber und verteile sie gleichmäßig.
7. Schiebe die Quiche für 30 Minuten in den Backofen. Setz sie dabei auf die unterste Stufe.
8. Nimm die Quiche aus dem Backofen und schneide sie in Stücke. Verteile sie zum Servieren auf den Tellern.

Variation:

- ✔ Wenn du keine Maronen magst, kannst du diese durch Pilze ersetzen. Das Kichererbsenmehl kannst du auch durch gewöhnliches Mehl oder Dinkelmehl ersetzen.

Pilz-Pie

Minuten: 60

Portionen: 4

Zutaten:

- 1,2 kg Champignons
- 5 Schalotten
- 150 g rote Linsen
- 1 Packung Blätterteig
- 1 Ei
- 100 ml Weißwein (trocken)
- 300 g Frischkäse
- 220 g Schlagsahne
- 1 TL Worcestersoße
- 4 Stiele Thymian
- 4 Lorbeerblätter
- 2 EL Rapsöl
- Salz
- Pfeffer

Zubereitung:

1. Putze die Champignons und halbiere sie. Schäle die Schalotten und schneide sie in feine Würfel. Erhitze das Öl in einer Pfanne und brate die Pilze für 10 Minuten darin an. Gib dann die Schalotten und die Linsen dazu. Brate alles unter Rühren für 5 Minuten weiter. Lösche anschließend die Mischung mit Weißwein ab.

2. Heize den Backofen auf 180 °C (Umluft) vor. Fette eine Pie-Form ein (alternativ kannst du auch eine Quiche- oder Kuchen-Form verwenden).

3. Verrühre den Frischkäse, 200 g Sahne und 200 ml Wasser in einer Schüssel. Rühre die Soße unter die Pilze in der Pfanne. Lasse das Ganze für weitere 6 Minuten köcheln.

4. Wasche den Thymian und zupfe die Blätter ab. Gib sie unter die Pilzmischung und würze anschließend mit Salz, Pfeffer und Worcestersoße. Wasche die Lorbeerblätter und lege sie beiseite.

5. Gib die Pilzmischung in die Pie-Form. Rolle den Blätterteig aus. Falte ihn so, sodass er ungefähr den Durchmesser der Form hat. Decke die Pie mit dem Teig ab. Drücke die überstehenden Enden auf dem Teigdeckel an.

6. Trenne das Ei. Für dieses Rezept benötigst du nur das Eigelb. Verquirle das Eigelb mit 2 EL Sahne in einer Tasse und bestreiche den Teig damit. Bestreiche den Teig mit der Masse und lege die Lorbeerblätter darauf. Gib die Pie für 20-25 Minuten in den Backofen.

7. Sobald sie goldbraun ist, ist sie fertig. Nimm die Pie aus dem Backofen und verteile sie zum Servieren auf den Tellern.

Variation:

- ✔ Anstelle der Linsen kannst du auch Gemüse für die Pie-Füllung verwenden. Wirsing oder Brokkoli passen dazu sehr gut.

Brokkoli-Gorgonzola-Tarte mit Birnen-Relish

Minuten: 45 **Portionen: 6**

Zutaten:

- 400 g Stangen-Brokkoli
- 2 Schalotten
- 2 Birnen
- 1 Zwiebel
- 1 Knoblauchzehe
- 210 g Dinkel-Vollkornmehl
- 250 g Magerquark
- 3 Eier
- 40 g Walnüsse
- 100 g Gorgonzola
- 150 g Cheddar-Käse
- 200 g saure Sahne
- 150 ml Milch
- 1 EL Balsamessig
- ½ TL Kardamom
- ½ TL Currypulver
- 1 TL Butter
- 6 EL Rapsöl
- Salz
- Pfeffer

Zubereitung:

1. Gib 200 g Mehl in eine Schüssel und füge den Quark, 1 Ei, etwas Salz und 4 EL Rapsöl hinzu. Vermische alles miteinander. For-

me den entstandenen Teig zu einer Kugel und wickle ihn in Frischhaltefolie ein. Lege ihn für ca. 20 Minuten in den Kühlschrank.

2. Schäle die Zwiebeln sowie den Knoblauch und hacke sie anschließend fein. Gib 1 EL Öl in eine Pfanne und dünste die Zwiebel- und Knoblauchstücke darin an. Wasche den Brokkoli und schneide ihn klein, dünste ihn ebenfalls 2 Minuten in der Pfanne.

3. Heize deinen Backofen auf 160 °C (Umluft) vor. Hacke die Walnüsse. Mixe die restlichen Eier mit dem Gorgonzola, der sauren Sahne und der Milch in einer Schüssel zu einer feinen Masse. Reibe den Cheddar und mische ihn unter die Masse. Schmecke die Mischung mit Salz, Pfeffer und Currypulver ab.

4. Fette eine Tarte-Form mit Butter ein. Nimm den Teig aus dem Kühlschrank und rolle ihn auf einer bemehlten Arbeitsfläche auf die Größe der Form aus. Lege ihn in die Form und drücke die Ränder an. Stich den Boden mehrmals leicht mit einer Gabel ein.

5. Gib die Gemüsepfanne und ⅔ der gehackten Walnüsse in die Form. Übergieße alles mit der Eier-Sahne-Mischung und bestreue es mit den restlichen Walnüssen.

6. Schiebe die Tarte in den Backofen und lasse sie für ungefähr 30 Minuten backen, bis sie goldbraun ist.

7. Schäle die Schalotten und hacke sie fein. Erhitze 1 EL Öl in einer Pfanne und dünste sie darin an. Schäle die Birnen, entkerne sie und schneide die Birnen klein. Gib die Stücke in die Pfanne und würze alles mit Salz, Pfeffer und Kardamom. Schmecke das Ganze mit Essig ab.

8. Nimm die Tarte aus dem Backofen und beträufle sie zum Servieren mit der Birnenmischung.

Rosenkohl-Quiche

Minuten: 80 **Portionen: 6**

Zutaten:

- 400 g Rosenkohl
- 200 g Petersilienwurzel
- 300 g Weizenmehl
- 150 g Crème fraîche
- 100 ml Sahne
- 2 Eier
- 50 g Walnüsse
- 50 g Parmesan
- 6 Stiele Thymian
- 150 g kalte Butter
- Salz
- Pfeffer

Zubereitung:

1. Mische das Mehl mit 1 TL Salz in einer Rührschüssel. Gib die Butter in Stücken mit 6 EL kaltem Wasser zum Mehl und knete die Masse so lange, bis ein geschmeidiger Teig entsteht. Gib den Teig in Frischhaltefolie und lasse ihn im Kühlschrank für 30 Minuten ruhen.
2. Heize deinen Backofen auf 200 °C (Ober-/Unterhitze) vor. Schäle den Rosenkohl, wasche ihn und gib ihn für 10 Minuten in kochendes gesalzenes Wasser. Schäle die Petersilienwurzeln und schneide sie in Würfel. Gib sie kurz vor dem Ende der Garzeit zu

dem Rosenkohl. Gieß das Gemüse nach 10 Minuten ab, es soll nicht durch, sondern nur angegart sein.

3. Verrühre die Crème fraîche mit der Sahne in einer Schüssel. Reibe den Parmesan fein und gib ihn ebenfalls in die Masse. Wasche den Thymian und hacke die Blätter klein. Hacke die Walnusskerne und füge beides zu der Mischung hinzu. Schlage die Eier auf und rühre sie unter die Masse. Würze die Mischung mit Salz und Pfeffer.

4. Fette eine Springform ein und rolle den Teig auf einer bemehlten Arbeitsfläche kreisförmig aus. Gib den Teig in die Form, verteile das Gemüse darauf und gieße zum Schluss die Füllung aus Punkt 3 darüber. Schlage den überstehenden Rand über die Quiche.

5. Backe die Quiche für 45 Minuten im Backofen, bis die Oberfläche braun wird. Lasse sie vor dem Servieren etwas abkühlen. Du kannst die Quiche sowohl warm als auch kalt genießen.

Variation:

- ✔ Anstelle der Petersilienwurzel kannst du auch Pastinaken verwenden. Die Walnüsse kannst du durch Mandeln oder auch Cashewnüsse ersetzen.

Rotkohl-Tarte

Minuten: 40

Portionen: 6

Zutaten:

- 300 g Rotkohl
- 1 Zwiebel
- 100 g Mehl
- 100 g Quark
- 100 ml Sahne
- 100 g Ziegenfrischkäse
- 50 g Sonnenblumenkerne
- 1 Ei
- 200 ml Gemüsebrühe
- 2 EL Essig
- 4 Stiele Thymian
- 3 EL Olivenöl
- 110 g Butter
- Salz
- Pfeffer

Zubereitung:

1. Knete aus dem Mehl, einer Prise Salz, dem Quark und 100 g Butter einen glatten Teig. Forme ihn zu einer Kugel und gib ihn für 15 Minuten in den Kühlschrank.
2. Schäle die Zwiebeln und hacke sie fein. Entferne den Strunk des Rotkohls, schneide den Rotkohl klein und wasche ihn.

3. Heize den Backofen auf 200 °C (Ober-/Unterhitze) vor. Erhitze 1 EL Butter in einer Pfanne und dünste die Zwiebeln darin an. Füge den Rotkohl hinzu und brate ihn für kurze Zeit mit. Lösche das Ganze mit Essig und der Gemüsebrühe ab. Würze die Mischung mit Salz und Pfeffer und lasse sie 15 Minuten garen.
4. Röste die Sonnenblumenkerne in einer heißen Pfanne ohne Fett an. Wasche den Thymian, zupfe die Blätter von den Stielen und hacke sie fein.
5. Verrühre die Sahne mit dem Ei in einer Tasse. Nimm den Teig aus dem Kühlschrank und rolle ihn aus. Verteile ihn in einer Tarte-Form, die du vorher mit der restlichen Butter einfettest.
6. Vermische den Rotkohl in der Pfanne mit dem Thymian und den Sonnenblumenkernen und gib die Masse in die Tarte-Form. Zerbrösle den Ziegenkäse mit deinen Händen über der Tarte-Form.
7. Gib sie für 25 Minuten in den Backofen, bis die Oberfläche der Tarte braun wird. Serviere die fertige Tarte lauwarm.

Variation:

- ✔ Aus dieser Tarte kannst du schnell eine Vorspeise oder Häppchen machen. Gib dafür den Teig in kleine Muffinförmchen und verteile die Masse darin. Passe die Backzeit auf 20 Minuten an. Wenn du keinen Rotkohl magst, kannst du diesen durch Wirsing oder Spitzkohl ersetzen.

Pilz-Tarte mit Maronen und Pinienkernen

Minuten: 60 **Portionen: 6**

Zutaten:

- 100 g Maronen (gegart)
- 600 g Pilze (nach Wahl)
- 2 Schalotten
- 2 Knoblauchzehen
- 2 rote Zwiebeln
- 200 g Mehl
- 250 g Ricotta
- 40 g Parmesan
- 50 ml Weißwein
- 20 g Pinienkerne
- 1 EL Tomatenmark
- 2 EL Balsamessig
- 1 Prise Zucker
- Muskat
- 4 Stiele Thymian
- 3 Stiele Petersilie
- 1 Chili
- 150 g Butter
- 1 EL Olivenöl
- Salz
- Pfeffer

Zubereitung:

1. Gib das Mehl zusammen mit 1 TL Salz, Zucker und Muskatnuss in eine Schüssel und vermische es mit der Butter und dem Ei.

Nimm dafür dein Handrührgerät und verwende es auf niedrigster Stufe. Rolle den Teig zu einer Kugel und gib ihn für 15 Minuten in den Kühlschrank.

2. Heize deinen Backofen auf 200 °C (Ober-/Unterhitze) vor. Putze die Pilze und schneide sie grob. Schäle die Zwiebeln und den Knoblauch. Hacke beides fein. Wasche die Chilischoten und schneide sie in feine Stücke. Schneide die gegarten Maronen in Viertel. Wasche die Petersilie, zupfe die Blätter von den Stielen und hacke sie klein.

3. Gib das Öl in eine Pfanne und dünste darin die Zwiebeln mit einer Prise Zucker an. Gib den Knoblauch zusammen mit den Pilzen und der Chili hinzu. Lasse alles für 5 Minuten anbraten. Füge dann das Tomatenmark hinzu und vermenge alles miteinander. Lösche die Masse mit Weißwein ab, sobald das Tomatenmark ein wenig eingezogen ist.

4. Sobald der Wein verkocht ist, gibst du den Ricotta hinzu und schmeckst alles mit Salz und Pfeffer ab. Verstreue ⅔ der Petersilie über der Mischung.

5. Nimm den Teig aus dem Kühlschrank und rolle ihn aus. Fette eine Tarte-Form mit Butter ein und gib den Teig hinein. Verteile die Pilz-Masse auf dem Teig. Reibe den Parmesan fein und gib den geriebenen Parmesan über die Pilz-Masse. Backe die Tarte für 30 Minuten im Backofen. Kontrolliere zwischendurch, ob sie nicht zu dunkel wird.

6. Nimm die Tarte aus dem Backofen, serviere sie lauwarm und streue die restliche Petersilie darüber.

Variation:

- ✔ Wenn du keine Pinienkerne magst, kannst du sie durch Walnüsse oder Haselnüsse ersetzen. Um die Schärfe aus der Tarte zu nehmen, kannst du die Chili einfach weglassen.

Wirsing-Quiche

Minuten: 80

Portionen: 6

Zutaten:

- 600 g Wirsing
- 250 g Mehl
- 4 Eier
- 2 Knoblauchzehen
- 150 ml Milch
- 130 g Bergkäse
- 100 ml Sahne
- Muskat
- 160 g Butter
- Salz
- Pfeffer

Zubereitung:

1. Knete 250 g Mehl mit 1 Ei, 120 g Butter und ½ TL Salz zu einem Teig. Forme den fertigen Teig zu einer Kugel und gib ihn für 15 Minuten in den Kühlschrank.
2. Schäle den Knoblauch und hacke ihn in feine Stücke. Entferne den Strunk und die äußeren Blätter des Wirsings, schneide den Rest des Wirsings klein und wasche ihn. Reibe den Käse.
3. Heize deinen Backofen auf 170 °C (Umluft) vor. Gib 30 g Butter in eine Pfanne und dünste den Knoblauch mit dem Wirsing da-

rin an. Sobald der Wirsing leicht in sich zusammenfällt, kannst du die Pfanne vom Herd nehmen. Würze die Mischung mit Salz und Pfeffer.

4. Vermische die Milch mit den restlichen Eiern, der Sahne und dem Käse zu einer glatten Masse in einer Schüssel. Hebe den Wirsing unter die Masse. Gib ein wenig Muskat hinzu.

5. Nimm den Teig aus dem Kühlschrank und rolle ihn aus. Fette eine Tarte-Form mit der restlichen Butter und gib den Teig hinein. Verteile die Wirsing-Masse auf dem Teig. Reibe den Käse und gib ihn über die Wirsing-Masse. Lasse die Quiche für 30 Minuten im Backofen.

6. Nimm die Quiche aus dem Backofen und schneide sie in Stücke. Verteile die Stücke auf den Tellern und beträufle die Stücke mit der Vinaigrette.

Variation:

- ✔ Anstelle des Bergkäses kannst du auch Feta oder Gorgonzola verwenden. Das gibt der Quiche nochmal einen ganz anderen Geschmack.

Süße Gerichte

Marillenknödel

Minuten: 40 **Portionen: 4**

Zutaten:

- 12 Aprikosen (Marillen)
- 750 g Seidenknödelteig
- 100 g Marzipan
- 3 EL Vanillezucker
- 2 EL Weizengries
- 150 g Semmelbrösel
- 50 g Butter
- Puderzucker
- 1 EL Mehl
- Salz

Zubereitung:

1. Wasche die Aprikosen, trockne sie ab und entkerne sie. Achte darauf, die Aprikosen dabei nicht zu teilen. Schneide sie nur an einer Stelle auf, um den Kern herauszuholen.
2. Forme aus dem Marzipan 12 kleine Kugeln und stecke sie jeweils in die Aprikosen, dort, wo vorher der Kern saß.
3. Gib den Seidenknödelteig in eine Schüssel und vermenge ihn mit dem Weizengries und Vanillezucker. Verstreue das Mehl auf deiner Arbeitsfläche und forme den Teig darauf zu einer Rolle. Schneide von dieser Rolle 12 Scheiben ab.

4. Drücke die einzelnen Scheiben flach und wickle jeweils eine Aprikose darin ein. Forme sie zu kleinen Knödeln.

5. Bringe in einem großen Topf Wasser mit einer Prise Salz zum Kochen. Sobald das Wasser kocht, gibst du die Knödel hinein. Reduziere die Hitze, sodass das Wasser nur noch siedet und lasse die Knödel für ca. 20 Minuten in dem Wasser ziehen.

6. Zerlasse in der Zwischenzeit die Butter in einer Pfanne und röste darin die Semmelbrösel an.

7. Nimm die Knödel nach den 20 Minuten aus dem Topf, lasse sie kurz abtropfen und wälze sie dann in der Pfanne in den Semmelbröseln.

8. Bestreue sie vor dem Servieren mit frisch gesiebtem Puderzucker.

Variation:

- Anstelle der Marillen kannst du auch Zwetschgen verwenden. Wenn du etwas mehr Zeit investieren möchtest, kannst du den Knödelteig auch selbst herstellen. Vermische dafür 250 g Quark, 70 g Grieß, 70 g Mehl, 70 g flüssige Butter und 1 Ei zu einem Teig. Lasse diesen vor der Weiterverarbeitung für 1 Stunde ruhen.

Mohnnudeln

Minuten: 60 **Portionen: 4**

Zutaten:

- 100 g Mohn
- 500 g Kartoffeln
- 120 g griffiges Mehl
- 90 g Butter
- 2 Eier
- 60 g Puderzucker
- Salz

Zubereitung:

1. Schäle die Kartoffeln und schneide sie in Würfel. Lasse sie in gesalzenem Wasser weichkochen. Heize deinen Backofen auf 120 °C (Ober-/Unterhitze) vor. Gib anschließend die Kartoffeln auf ein Backblech und lasse sie im Backofen ausdampfen.
2. Presse die Kartoffeln durch eine Kartoffelpresse und passiere sie fein. Lasse die Masse danach auskühlen.
3. Knete die Masse mit dem Mehl, 40 g Butter, den Eiern und der Prise Salz zu einem glatten Teig.
4. Bestäube den Teig mit dem Mehl und rolle ihn zu 1 cm dicken Stangen aus. Schneide davon jeweils 2 cm große Stücke ab. Rolle die Enden der Teigstücke mit den Fingern rund aus, sodass die

Enden der Teigstücke schmaler werden und die Form von Schupfnudeln entsteht.

5. Setze gesalzenes Wasser auf und bringe es zum Kochen. Erhitze die Nudeln darin und lasse sie für 8 Minuten gar ziehen. Hebe sie aus dem Wasser und lasse sie abtropfen.
6. Schmilze die restliche Butter in der Pfanne und gib die Nudel hinzu. Bestreue sie in der heißen Pfanne mit Mohn und 50 g Puderzucker. Schwenke sie gut durch.
7. Serviere die Mohnnudeln und bestreue sie davor erneut mit dem restlichen Puderzucker.

Variation:

- Anstelle des Mohns kannst du auch gehackte Walnüsse verwenden. Schwenke die Kartoffelnudeln dafür einfach in den gehackten Walnüssen mit dem Puderzucker. Der Rest des Rezepts bleibt identisch.

Kirschmichel

Minuten: 80 **Portionen: 6**

Zutaten:

- 750 g Schattenmorellen
- 1 EL Butter
- 20 g Semmelbrösel
- 200 g Weißbrot
- 200 ml Milch
- 4 Eier
- 130 g Butter
- 130 g Zucker
- 1 TL Puderzucker

Zubereitung:

1. Lasse die Schattenmorellen in einem Sieb abtropfen. Fette eine Auflaufform und streue sie mit den Semmelbröseln aus.
2. Schneide das Weißbrot in Würfel und lasse es in einer Schüssel mit Milch für ca. 10 Minuten einweichen. Heize deinen Backofen auf 150 °C (Umluft) vor.
3. Gib 100 g Butter und 100 g Zucker in eine Schüssel und rühre die beiden Zutaten cremig. Trenne die Eier. Verrühre die 4 Eigelb mit der Butter-Zucker-Mischung. Gib die eingeweichte Brot-Masse hinzu und rühre sie unter.

4. Schlage die 4 Eiweiße mit etwas Salz in einer Schüssel steif. Hebe den Eischnee anschließend portionsweise unter die Masse aus Schritt 3.
5. Gib die Hälfte der Masse in die Auflaufform. Verteile die Kirschen darauf und gib die restliche Masse darüber. Schiebe die Form für 50 Minuten in den Backofen.
6. Verteile 10 Minuten vor dem Ende der Backzeit die restliche Butter in Flöckchen über den Auflauf. Streue ebenfalls den restlichen Zucker darüber.
7. Lasse den süßen Auflauf vor dem Servieren kurz abkühlen. Bestreue ihn beim Anrichten mit Puderzucker.

Variation:

- ✔ Die Kirschen kannst du in diesem Rezept durch Zwetschgen oder Aprikosen austauschen.

Ofenpfannkuchen

Minuten: 50 **Portionen: 4**

Zutaten:

- 2 Äpfel
- 600 ml Milch
- 120 g Zucker
- 400 g Mehl
- 2 Päckchen Backpulver
- 1 EL Butter
- 1 EL Puderzucker
- 4 Eier
- Salz

Zubereitung:

1. Heize deinen Backofen auf 200 °C (Ober-/Unterhitze) vor. Fette ein Backblech mit Butter ein.
2. Vermische mit einem Handrührgerät die Eier mit dem Zucker in einer Schüssel und schlage die Masse leicht schaumig auf. Gib das Mehl mit dem Backpulver hinzu und gieße die Milch ein. Füge eine Prise Salz hinzu. Rühre alles gut durch.
3. Wasche die Äpfel, entkerne sie und schneide sie in feine Scheiben.
4. Gib den Teig auf das Backblech und verteile die Apfelscheiben darauf. Schiebe das Backblech in den Backofen und lasse den

noch flüssigen Pfannkuchen für 35 bis 40 Minuten backen. Sobald die Oberfläche ein wenig braun wird, ist der Pfannkuchen fertig.

5. Schneide den Pfannkuchen zum Servieren in Stücke und bestreue diese mit Puderzucker.

Variation:

- ✔ Das Obst in dem Pfannkuchen kannst du ganz nach deinem Geschmack variieren. Besonders Blaubeeren oder Zwetschgen eignen sich hier gut.

Topfen-Auflauf

Minuten: 35 **Portionen: 2**

Zutaten:

- 250 g Quark
- 2 Eier
- 4 EL Zucker
- 1 Päckchen Vanillezucker
- 1 TL Butter
- 50 g Weichweizengrieß
- ½ Biozitrone
- frische Beeren (nach Wahl)
- 1 EL Puderzucker
- 1 EL Rosinen
- 1 EL Rum
- Salz

Zubereitung:

1. Gib die Rosinen mit dem Rum in eine kleine Tasse und lasse sie dort für einige Zeit einweichen. Das kannst du auch schon einige Stunden vor der restlichen Zubereitung erledigen.
2. Wasche die Zitrone unter heißem Wasser und reibe anschließend die Schale ab. Trenne die Eier. Schlage mit einem Mixer die Eigelbe, 2 EL Zucker, Vanillezucker, 1 Prise Salz und den Abrieb der Zitrone in einer Schüssel cremig auf.
3. Heize deinen Backofen auf 180 °C (Ober-/Unterhitze) vor. Wasche die Früchte und lasse sie anschließend abtropfen.

4. Rühre den Quark gemeinsam mit dem Grieß unter die cremige Masse aus Schritt 2. Schlage das Eiweiß mit dem restlichen Zucker steif. Gib dieses zusammen mit den eingeweichten Rosinen ebenfalls in die Masse. Hebe alles vorsichtig unter.
5. Fette eine Auflaufform mit Butter ein und gib die fertige Mischung hinein. Verteile die Früchte darüber. Drücke sie leicht in den Teig und gib die Form für ca. 20 Minuten in den Backofen.
6. Nimm die Form aus dem Backofen, sobald die Oberfläche ein wenig braun geworden ist. Bestreue den Auflauf vor dem Servieren mit ein wenig Puderzucker.

Variation:

- Als Früchte eignen sich Blaubeeren, Himbeeren oder Erdbeeren. Diese sind im Winter teilweise schwer zu bekommen. Daher kannst du auch auf tiefgekühlte Früchte zurückgreifen. Diese solltest du vorher unbedingt auftauen und abtropfen lassen, da der Auflauf ansonsten wässrig wird. Alternativ kannst du auch zu Zwetschgen oder Aprikosen greifen. Schneide diese in kleine Stücke, bevor du sie in den Auflauf gibst.

Kaiserschmarrn

Minuten: 25 **Portionen: 4**

Zutaten:

- 4 Eier
- 125 g Mehl
- 60 g Zucker
- 1 Päckchen Vanillezucker
- 300 ml Milch
- 75 ml Sprudel
- 40 g Butter
- 40 g Rosinen
- 2 EL Rum
- 1 EL Puderzucker
- Salz

Zubereitung:

1. Weiche die Rosinen in dem Rum auf, bevor du mit der Zubereitung beginnst. Gib dafür beides in eine kleine Tasse und lasse es für einige Zeit stehen. Dies kannst du auch schon einige Stunden vor Beginn der restlichen Zubereitung erledigen.
2. Trenne die Eier. Schlage mit einem Mixer die Eigelbe, den Zucker, eine Prise Salz und den Vanillezucker in einer Schüssel cremig auf. Rühre nach und nach das Mehl und die Milch unter. Gib zum Schluss den Sprudel hinzu. Dadurch wird der Teig wesentlich lockerer.

3. Hebe die Rosinen unter den Teig. Schlage das Eiweiß steif und hebe es ebenfalls unter.
4. Erhitze die Butter in einer großen Pfanne auf mittlerer Hitze. Gib den kompletten Teig in die Pfanne, sobald die Butter geschmolzen ist. Lasse ihn für 5 Minuten goldbraun anbraten. Prüfe regelmäßig, ob die Unterseite schon dunkel genug ist.
5. Wende den Teig mit einem Pfannenwender und teile ihn in Viertel. Sobald er auf der anderen Seite ebenfalls goldbraun angebacken ist, kannst du ihn in mundgerechte Stücke zupfen. Dies gelingt am besten mit 2 Pfannenwendern.
6. Lasse die Stücke für kurze Zeit weiter braten. Achte darauf, dass sie nicht zu dunkel werden, sonst wird der Kaiserschmarrn zu trocken.
7. Richte den Kaiserschmarrn zum Servieren auf den Tellern an und betreue ihn mit Puderzucker.

Variation:

- ✔ Du kannst den Puderzucker auch bereits in der Pfanne dazugeben. So karamellisiert er ein wenig. Solltest du keine Rosinen mögen, lasse sie einfach weg. Wenn du auf den Alkohol verzichten möchtest, dann lege die Rosinen in Apfelsaft oder Orangensaft ein. Besonders gut passt zu dem Kaiserschmarrn Apfelmus als Beilage. Anderes Fruchtmus passt aber auch sehr gut dazu.

Scheiterhaufen

Minuten: 60 **Portionen: 4**

Zutaten:

- 5 Brötchen (alte)
- 330 ml Milch
- 3 Eier
- 40 g Zucker
- 1 EL Butter
- 1 TL Zimt
- 400 g Äpfel
- 50 g Rosinen
- 40 g Puderzucker

Zubereitung:

1. Heize deinen Backofen auf 175 °C (Ober-/Unterhitze) vor. Schneide die alten Brötchen in Scheiben. Die alten Brötchen eignen sich besser als frische, weil sie sich schneller mit Flüssigkeit aufsaugen.
2. Verquirle die Eier mit der Milch und dem Zucker in einer Schüssel. Lege die Brotscheiben darin ein und lasse sie für 10 Minuten ziehen.
3. Wasche die Äpfel und entkerne sie. Schneide sie in schmale Scheiben. Vermische sie mit Rosinen, Zimt und dem Zucker in einer weiteren Schüssel.

4. Fette eine Auflaufform mit Butter ein. Gib ein wenig von den eingeweichten Brötchenscheiben hinein, sodass der Boden der Form bedeckt ist. Gib eine Schicht von den Äpfeln darauf. Lege erneut eine Schicht der Brötchen-Masse darüber und anschließend den Rest der Äpfel. Schließe den Auflauf mit einer Brötchenschicht ab. Solltest du noch etwas von der Eiermilch übrighaben, in die du die Brötchenscheiben gelegt hast, kannst du sie einfach über den Auflauf gießen.

5. Gib den Auflauf für ca. 40 Minuten in den Backofen. Sollte er zu braun werden, kannst du ihn zum Ende hin mit Backpapier oder Alufolie abdecken.

6. Nimm den Auflauf aus dem Backofen und serviere ihn warm. Bestreue ihn zuvor mit Puderzucker.

Variation:

- ✔ Besonders gut passt zu diesem Gericht Vanillesoße. Kaufe dafür entweder fertige Soße oder stelle sie selbst her. Rühre dafür ½ Päckchen Puddingpulver laut Packungsanweisung an. Lasse 500 ml Milch aufkochen, nimm die Milch vom Herd und rühre das Puddingpulver ein. Stelle den Topf anschließend erneut für 1 Minuten auf die heiße Herdplatte und lasse die Vanillesoße kochen.

Schokoknödel

Minuten: 60 **Portionen: 4**

Zutaten:

- 150 g Vollmilchschokolade
- 4 EL Rapsöl
- 2 Eier
- 300 g Quark
- 5 EL Butter
- 200 g Semmelbrösel
- 6 EL Weizengrieß
- 1 TL Zimt
- 1 EL Zucker

Zubereitung:

1. Vermenge das Öl mit 90 g Semmelbröseln, dem Grieß, Quark und den Eiern in einer Schüssel. Lasse den Teig für mindestens 30 Minuten ruhen.
2. Brich die Schokolade in kleine und ungefähr gleichgroße Stücke. Forme den fertigen Teig mit angefeuchteten Händen zu kleinen Kugeln. Drücke sie flach und gib jeweils ein Stück der Schokolade in die Mitte. Forme sie dann wieder zu kleinen Knödeln mit einem Schokoladenkern.
3. Erhitze Wasser in einem großen Topf und bringe es zum Kochen. Schalte dann die Temperatur wieder leicht herunter, so-

dass das Wasser noch ein wenig köchelt. Gib die Knödel hinein und lasse sie für 10 bis 15 Minuten garen.

4. Gib in der Zwischenzeit die restlichen Semmelbrösel mit der Butter in eine Pfanne. Röste sie darin an und bestreue sie mit Zimt und Zucker.

5. Nimm die Knödel aus dem Wasserbad und lasse sie abtropfen. Wälze sie vor dem Servieren in den Zimtbröseln.

Variation:

- Anstelle der Schokolade kannst du die Knödel auch mit Nougat füllen. Dadurch wird die Füllung ein wenig nussiger, aber auch gehaltvoller.

Striebele

Minuten: 30 | Portionen: 8

Zutaten:

- 200 g Mehl
- 2 Päckchen Vanillezucker
- 200 ml Milch
- 2 Eier
- 4 EL Puderzucker
- 400 g Schlagsahne
- 400 g Rote Grütze
- 1 l Rapsöl

Zubereitung:

1. Vermische das Mehl mit dem Vanillezucker und einer Prise Salz in einer Schüssel. Füge nach und nach die Milch und die Eier zu. Rühre anschließend alles zu einem glatten, flüssigen Teig.
2. Erhitze in einer hohen Pfanne das Öl auf ca. 180 Grad. Alternativ kannst du auch einen großen Topf verwenden.
3. Halte einen Trichter über die Pfanne und gib den Teig mit einer Kelle hinein. Halte die Öffnung des Trichters mit deinem Finger geschlossen. Öffne anschließend den Trichter und lasse den Teig in kreisförmigen Bewegungen in die Pfanne laufen. Backe den Teig für ca. 2 Minuten, wende ihn vorsichtig und lasse ihn auch von der anderen Seite zu Ende backen. Nimm die so entstehen-

den Striebele aus der Form und lasse sie auf Küchenpapier abtropfen. Wiederhole diesen Vorgang, bis der Teig aufgebraucht ist.

4. Schlage die Sahne steif. Verteile die Striebele auf den Tellern mit einem Klecks Sahne und der Roten Grütze. Bestreue sie abschließend mit dem Puderzucker.

Variation:

- Die Rote Grütze kannst du auch selbst herstellen. Koche dafür einfach 500 g rote Beeren in einem Topf mit 500 ml Fruchtsaft und einer Vanilleschote auf. Dicke die Mischung an, indem du 3 EL Wasser mit 3 EL Stärke in einer Tasse vermischst und in die Früchte gibst. Lasse die Grütze für 3 Minuten kochen, bis die Masse dickflüssig wird. Füge nach Belieben Likör hinzu. Süße die Masse zum Schluss mit Zucker.

Weihnachtsmenüs

4 Vegetarische Weihnachtsmenüs

Die Gerichte aus diesem Buch eignen sich hervorragend für einen festlichen Weihnachtsabend. Dazu kannst du mehrere Gerichte als Menü servieren. Zur Inspiration stelle ich dir im Folgenden 4 Weihnachtsmenüs vor, die für dein eigenes Weihnachtsfest nutzen kannst. Die Menüs bestehen jeweils aus drei Gängen: einer Vor-, Haupt- und Nachspeise.

Menü 1

Maronen-Suppe (S. 38)

***

Hüttenkäse-Braten auf Wirsing-Risotto (S. 186, 126)

***

Schokoknödel (S. 230)

Menü 2

Feldsalat mit Honig-Feta (S. 14)

***

Pilzpastete mit Grießküchlein (S. 194, 128)

***

Kirschmichel (S. 220)

Menü 3

Sellerie-Birnen-Suppe (S. 46)

***

Blumenkohl im Nussmantel mit Rote-Bete-Knödeln (S. 142, 122)

***

Topfen-Auflauf (S. 224)

Menü 4

Orangensalat mit Harissa (S. 16)

***

Beet Wellington mit Couscous-Salat und Ziegenkäse (S. 176, 24)

***

Marillenknödel (S. 216)

Diese Menüs sind als Beispiele zu verstehen und wurden von mir persönlich zusammengestellt. Du kannst die Gerichte aus diesem Buch jedoch auch anders und ganz nach deinen persönlichen Vorlieben kombinieren. Deiner Fantasie sind keine Grenzen gesetzt. Bon Appétit!

Bonusrezepte

20 Vegetarische Snacks

Neben den zahlreichen Rezepten aus diesem Buch habe ich noch eine köstliche Überraschung für dich. Denn als Bonus habe ich noch weitere 20 vegetarische Weihnachtsrezepte für dich zusammengestellt. Als kleines Weihnachtsgeschenk sozusagen. Dabei handelt es sich um Appetizer, Snacks und andere Kleinigkeiten, die du deinen Gästen zwischendurch servieren kannst. Aus Platzgründen haben es diese Rezepte leider nicht ins Buch geschafft. Deswegen stellt mein Verlag sie dir als kostenlosen Download zur Verfügung.

Diese vegetarischen Snacks warten auf dich:

- ✔ Baguette mit Ziegenkäse und überbackenen Feigen
- ✔ Birnen-Crumble mit Emmentaler
- ✔ Crostini mit Camembert und Balsamico-Cranberrys
- ✔ Gefüllte Rote Bete
- ✔ Ziegenkäsebrot
- ✔ Gegrillte Feigen
- ✔ Parmesan-Oliven-Plätzchen
- ✔ Glasierte Maronen
- ✔ Grünkohl-Muffins
- ✔ Pesto-Weihnachtsbaum
- ✔ Rote-Bete-Tartar mit Avocado
- ✔ Ziegenkäse-Beutelchen mit Rucola
- ✔ Süßkartoffel-Parmesan-Waffeln
- ✔ Mini-Flammkuchen
- ✔ Warme Feigen mit Ricotta-Füllung

- ✔ Toast-Sterne
- ✔ Mini-Quiches
- ✔ Walnuss-Ziegenfrischkäse-Taler
- ✔ Pesto-Schnecken
- ✔ Paprika-Strudel

Wenn du die folgende Website aufrufst, erfährst du, wie du an die Bonusrezepte kommst:

www.studienscheiss.de/bonus-vegetarische-weihnachtsrezepte

Du gelangst dort auf die Website meines Verlags und kannst dich für den entsprechenden Verteiler anmelden – natürlich kostenlos.

Nachwort

Infos zum Buch

Dieses vegetarische Rezeptebuch ist kein typisches Kochbuch, vollgestopft mit Hochglanzfotos und unverständlicher Theorie – es ist eine Sammlung leckerer Rezepte, die jede Person einfach nachkochen kann. Das Layout des Buches wurde dabei bewusst minimalistisch gehalten; auf unnötige Ausführungen und Exkurse wurde verzichtet. Stattdessen stehen die Rezepte mit klaren Anleitungen im Fokus – denn mehr braucht es nicht für ein leckeres vegetarisches Gericht.

Aber das ist noch nicht alles: Dieses Buch wurde von unserem kleinen Studienscheiss-Verlag fair und hochwertig produziert. Wir arbeiten mit regionalen Designern und Lektoren zusammen und lassen unsere Hardcover-Bücher komplett in Deutschland herstellen. Alle an der Produktionskette beteiligten Partner werden von uns fair behandelt – und fair bezahlt.

Allesamt kleine und mittelständische Unternehmen, die mit Herzblut bei der Sache sind und mit denen wir ein gemeinsames Ziel verfolgen: hochwertige Produkte zu erzeugen, die unsere Leser glücklich machen.

Unsere Bücher entstehen unter nachhaltigen Produktionsbedingungen, schonen die Umwelt und fördern die regionale Wirtschaft. Und genau das unterstützt du, wenn du dir dieses Buch zugelegt hast.

High five dafür!

Über die Autorin

Hannah Dautzenberg, Jahrgang 1995, ist Autorin und leidenschaftliche Köchin. Nach dem Abitur verbrachte sie ein Jahr in Irland, bevor sie ihr Studium der Gesellschaftswissenschaften an der RWTH Aachen begann.

Im Anschluss an ihr Studium arbeitete Hannah als Redakteurin in der Fernsehbranche bei einem großen deutschen Rundfunksender. Dort gestaltete sie Dokumentationen und Unterhaltungsformate.

Während ihrer Arbeit beim Fernsehen begann sie, für verschiedene Zeitschriften und Magazine Artikel zu veröffentlichen. Dabei beschäftigt sie sich vor allem mit gesellschaftsrelevanten Themen wie Ressourcenschonung und Nachhaltigkeit – und natürlich: gesunder Ernährung!

Aktuell absolviert Hannah ihren Master an der RWTH Aachen. Artikel und Texte verfasst sie weiterhin – und mittlerweile sogar Kochbücher.

Das ist Hannah

Dankeschön

Ohne die Hilfe anderer Menschen hätte ich dieses Buch nicht schreiben und veröffentlichen können. Alleine wäre mir das nicht gelungen. Daher möchte ich die Gelegenheit nutzen und mich von ganzem Herzen bedanken.

Am meisten danke ich meinen Leserinnen und Lesern, die mich seit Jahren unterstützen und fleißig meine Texte lesen. Ohne euren Support hätte ich mich nie getraut, dieses Buch zu schreiben. Danke, dass ihr mich motiviert, kritisiert und immer wieder hinter mir steht.

Ganz besonders danken möchte ich Tim Reichel. Ohne deinen fachlichen Input und deine Hilfe wäre dieses Buch niemals erschienen. Danke, dass du mir während des gesamten Schreibens unterstützend zur Seite standest, viele Stunden Arbeit investiert und dieses Buch verlegt hast.

Vielen Dank auch an Sara Dörwald für das Gegenlesen, die Korrekturen und die klugen Anmerkungen. Du bist eine tolle Lektorin.

Außerdem möchte ich meiner Familie, meinem Freund und meinen Freunden dafür danken, dass ihr mich in stressigen Phasen ertragen, mich immer motiviert und pausenlos unterstützt habt.

Hannah Dautzenberg, November 2020

Bonusrezepte

Hol dir hier die Rezepte für 20 vegetarische Snacks ab:

www.studienscheiss.de/bonus-vegetarische-weihnachtsrezepte

Printed in Germany
by Amazon Distribution
GmbH, Leipzig

24490695R00140